COFIO'R BEASLEYS

BRWYDRO DROS YR IAITH

Cyflwynedig i wyrion a gorwyrion
Trefor ac Eileen a'u teuluoedd:

Gruffudd ac Amy, Elis, Eos

Cynog a Meggan, Madryn, Brenig

Myfyr a Karin, Frida, Myfanwy

Heulwen Haf a Brett, Brython, Arthen

Ifan Wyn

Ac er cof am Elfed Marc

COFIO'R BEASLEYS

BRWYDRO DROS YR IAITH

DELYTH PRYS

y lolfa

Argraffiad cyntaf: 2026

Dymuna'r cyhoeddwyr gydnabod cymorth ariannol
Cyngor Llyfrau Cymru

Cynllun y clawr: Sion Ilar

Rhif Llyfr Rhyngwladol: 978 1 80099 841 4

Cyhoeddwyd, rhwymwyd ac argraffwyd yng Nghymru gan
Y Lolfa Cyf., Talybont, Ceredigion SY24 5HE
gwefan www.ylolfa.com
e-bost ylolfa@ylolfa.com
ffôn 01970 832 304

Cynnwys

Rhagymadrodd

YN FUAN AR ôl symud i gyffiniau Bangor i fyw, fe gerddais i mewn i siop lyfrau ail law yn y ddinas. "Dych chi ddim yn dod o ffordd hyn," meddai'r siopwr wrtha i. "Nac ydw," atebais i. "Un o ble ydych chi?" holodd wedyn. "O'r de," atebais. "O ble yn union?" "Ardal Llanelli." "O ble yn ardal Llanelli?" "Llangennech." "O Langennech mae'r Beasleys yn dod," meddai wedyn. Fel yna, heb ddim ond fy acen ddeheuol, roedd y siopwr wedi f'adnabod, a finnau'n gorfod cyfaddef 'mod i'n ferch i'r Beasleys.

Cân Dafydd Iwan 'Daw Fe Ddaw yr Awr' sydd wedi gwneud mwy na dim i gadw yn fyw y cof am frwydr Trefor ac Eileen Beasley i gael papur y dreth yn Gymraeg. Hynny a'r ffaith i Saunders Lewis gydio yn yr hanes yn ei ddarlith radio 'Tynged yr Iaith' a rhoi cyhoeddusrwydd pellach i'r Beasleys. Fedrais i erioed guddio pwy oeddwn i gydag enw fel yna.

Roedd hi'n gas gen i'r enw pan oeddwn i'n blentyn, nid am nad oeddwn i am arddel fy rhieni, nac yn falch o'u safiad, ond doedd dim cyfle i fi fod yn aelod dienw o'r dorf na datblygu fy hunaniaeth fy hun. Pam na allai Mam a Dad fod wedi bod yn Jones, neu Evans, neu Williams? Ond does dim yr un tinc i "Wyt ti'n cofio teulu'r Jonesiaid yn gwrthod talu'r dreth?" ac yn gam neu'n gymwys, daeth yr enw yn rhan o'r stori.

Roeddwn i wedi bwriadu ysgrifennu'r llyfr hwn ers blynyddoedd, ond aeth prysurdeb bywyd/galwadau eraill/diogi (dewiswch pa un) yn y ffordd bob tro. Erbyn hyn rwy wedi rhedeg allan o esgusodion dros beidio gwneud, a hefyd wedi ymddeol, a bellach yn teimlo pwysau i roi f'atgofion ar bapur. Hefyd, wrth i amser fynd yn ei flaen, mae chwedlau am y cyfnod a beth yn union ddigwyddodd yn amlhau, ac rwy'n teimlo fod yn well i mi ddweud yr hanes a chywiro ambell i gamargraff cyn iddi fynd yn rhy hwyr.

Mae'n siŵr mai rhyw dair oed oeddwn i pan ddes i'n ymwybodol gyntaf fod yna rywbeth anghyffredin yn ein teulu ni, a bod Mam a Dad wrthi gyda rhyw waith pwysig i achub y Gymraeg. Byddai dodrefn yn diflannu o'r tŷ o bryd i'w gilydd, ffotograffwyr yn galw, llawer o ffrindiau'n mynd a dod, a thrafod diddiwedd ar faterion mawr. Doedd gan fy mrawd ddim diddordeb yn y pethau hyn, ond byddwn i wrth fy modd yn clustfeinio ac yn flin iawn os oeddwn i'n cael fy hel o'r ffordd a ddim yn cael bod yn rhan o'r miri.

Byddai Mam a Dad yn esbonio beth oedd yn digwydd o'r dechrau, ac wrth i'r blynyddoedd fynd heibio, byddai'r straeon am y dyddiau cynnar yn cael eu hadrodd a'u hail adrodd, eu dehongli a'u cadw. Roeddwn i'n ymwybodol fod yno ambell i focs o hen lythyrau, neu hen doriadau papur newydd, ac er bod llawer wedi mynd ar goll dros y blynyddoedd, yr atgofion personol a'r ychydig ddeunyddiau sydd wedi'u cadw yw sail y gyfrol hon.

Dyw hwn ddim wedi'i fwriadu i fod yn gofiant academaidd, gwrthrychol, ond yn hytrach yn gyfrol boblogaidd i'w mwynhau ac i apelio at bobl o bob math. Roedd cylchoedd ffrindiau Trefor ac Eileen yn cwmpasu pobl dra gwahanol i'w gilydd, yn bobl ddosbarth gwaith, trefol a gwledig, yn ddeallusion, pobl academaidd, Cymraeg a di-Gymraeg, rhai nad oedd erioed wedi symud o'u milltir sgwâr a rhai o gefndiroedd rhyngwladol.

Rwy'n ddyledus iawn i'm gŵr Rhoslyn, fy mrawd Elidyr, fy chwaer yng nghyfraith Sylvia, Cynog Dafis, ac i nifer o ffrindiau sydd wedi fy helpu gyda'r atgofion a'r trafod sy'n gynwysedig yn y llyfr hwn. Maen nhw wedi dioddef llawer yn gwrando arna i'n rhygnu mlaen yn ddiddiwedd am y pethau yma, a hefyd wedi fy arbed i rhag gwneud ambell i gam gwag yn yr adrodd. Diolch arbennig hefyd i Nia Gruffydd a Robat Trefor o Wasg y Lolfa am eu gofal a'u trylwyredd wrth lywio'r gyfrol drwy'r wasg. Diolch i chi i gyd. Does dim angen dweud wrth gwrs mai fi piau unrhyw wallau sy'n aros yn y gyfrol, ac rwy'n ymddiheuro ymlaen llaw am y rheiny.

Delyth Prys

Pennod 1

Cefndir cynnar

ROEDD TREFOR YN arfer tynnu coes fod Eileen wedi "priodi lawr" ac roedd elfen o wir yn hynny. Faddeuodd Eileen byth i'w thad am fod wedi edliw wrthi iddi briodi glöwr. "Rown i'n meddwl y byddet ti o leiaf wedi cael ciwrad," oedd ei eiriau. Mae'n amlwg mai prif ddiben addysg prifysgol i'w ferch oedd ei helpu i gael gŵr o statws, ac roedd yr Eglwys yng Nghymru yn dod rhywle yn is na gweinidogion Anghydffurfiol yn yr hierarchaeth! Ond doedd pethau fel statws cymdeithasol ac arian erioed wedi poeni Trefor nac Eileen, ac fe gawson nhw yn ei gilydd gymar o'r un anian i gynnal a gweithio gyda'i gilydd drwy'u hoes.

Tebyg ac annhebyg oedd y ddau. Roedd y ddau'n dod o gefndir capelyddol, y naill wedi'i fagu yn Bethesda, capel yr Annibynwyr Llangennech, a'r llall yng nghapel yr Annibynwyr yn Henllan Amgoed. Roedd y ddau'n credu'n gryf mewn cyfiawnder a thegwch cymdeithasol, a'r ddau'n aelodau o Blaid Cymru. Roedd Eileen yn Gristion cadarn, ond agnostig oedd Trefor, yn chwilio ac yn methu cael hyd i heddwch mewn crefydd. Glöwr ydoedd, yr ifancaf o wyth o blant, wedi gorfod gadael yr ysgol yn bedair ar ddeg oed. Merch ffarm ac athrawes oedd Eileen, y canol o dri o blant, wedi cael ysgol ramadeg ac addysg brifysgol. Roedd Trefor yn allblyg, wrth ei fodd mewn cwmni, ond swil oedd Eileen, a thawel wrth natur.

Yn ôl y stori wnaethon nhw'i hadrodd i mi lawer gwaith, fe fu iddyn nhw gyfarfod ar bwyllgor sir Plaid Cymru, Eileen o eithaf gwledig, gorllewinol sir Gaerfyrddin, a Trefor o eithaf dwyreiniol, diwydiannol y sir. Roedd teulu Eileen yn hanu o Henllan Amgoed, pentref bach yn ymyl Hendy-gwyn ar Daf, a chafodd ei geni yn 1921 ym Mhen y Bryn, cartref ei thad-cu a'i mam-gu o ochr ei mam, lle roedd ei mam, Mary Winifred (Williams cyn iddi briodi), wedi gorfod aros i ofalu am ei mam hithau oedd yn gaeth i'r gwely gyda'r gwynegon. Roedd David John James, tad Eileen, yn ffermio ffarm Blaunwauneirch yng Nghwmfelin Boeth yn ymyl, ac yn bump oed, wedi marw ei mam-gu, fe symudodd hi a'i mam a'i dau frawd yno at ei thad. Fel "Eileen Bl'oneirch" fyddai'n cael ei hadnabod yn yr ardal weddill ei hoes.

Roedd gwreiddiau'r teulu yn Henllan Amgoed a'r cyffiniau yn mynd yn ôl o leiaf i'r ail ganrif ar bymtheg pan oedd un o'i chyndeidiau, y Parchedig Henry Palmer (1679-1742) yn weinidog yn Henllan Amgoed ac yn un o gewri Anghydffurfiaeth gynnar. Yn ôl stori yn y teulu, roedd Henry Palmer yn medru siarad Saesneg, ac yn mynd ar gefn ei geffyl i dde sir Benfro i bregethu i'r 'down belows' di-Gymraeg, gan fod gan y rheiny hefyd eneidiau. Ffermwyr oedd y teulu gan mwyaf, gydag ambell i weinidog yn eu plith, ac erbyn y bedwaredd ganrif ar bymtheg, roedden nhw'n radicaliaid pybyr. Cafodd un arall o hynafiaid Eileen, George Thomas, ei droi allan o'i fferm am bleidleisio dros y Rhyddfrydwyr yn etholiad 1868, a dioddefodd y teulu dipyn yn sgil hynny. Erbyn yr ugeinfed ganrif roedd yr hen wrthryfel wedi dofi tipyn, er bod y teulu yn dal i bleidleisio

Fferm Blaenwauneirch o'r awyr.

Rhieni Eileen (ar y chwith), gyda theulu a gweithwyr ar y fferm.

i'r Rhyddfrydwyr tan is-etholiad Caerfyrddin yn 1966. Y flwyddyn honno enillodd Gwynfor Evans y sedd i Blaid Cymru, y sedd gyntaf i'r Blaid ei hennill mewn etholiad i Senedd San Steffan. Ymhlith y rhai a droes at y Blaid am y tro cyntaf yn yr etholiad hwnnw roedd tad a modryb ac ewythr Eileen.

Dywedodd Eileen iddi ddod yn ymwybodol o genedlaetholdeb Cymreig am y tro cyntaf yn sgil llosgi'r Ysgol Fomio ym Mhenyberth gan D.J. Williams, Lewis Valentine a Saunders Lewis yn 1936. Merch ysgol bymtheg oed oedd hi bryd hynny, yn ddisgybl yn Ysgol Ramadeg Hendy-gwyn. Ond roedd hi'n dilyn helynt Penyberth yn y wasg, a phenderfynodd hi bryd hynny y byddai'n ymaelodi â Phlaid Cymru ar ôl mynd i'r brifysgol.

Bywyd fel ffermwyr oedd o flaen Llew a John, dau frawd Eileen, ond doedd dim cwestiwn na fyddai'r tri yn mynd i'r ysgol ramadeg leol, o leiaf tan eu bod nhw'n un ar bymtheg oed, fel aelodau o'r dosbarth canol da eu byd. Gan fod yr ysgol rhyw dair milltir o'r fferm, a heb fws yn mynd heibio, roedd gan y tri feic yr un i fynd arno i'r ysgol. Cafodd Eileen bryd o dafod gan yr athrawes goginio un tro am fod â baw dan ei hewinedd, ond olew o'r tsiaen beic oedd yn gyfrifol am y baw, a hithau'n gorfod aros yn aml i drwsio'r beic ar ei ffordd i'r ysgol.

Wnaeth Eileen ddim mwynhau ei chyfnod yn yr ysgol, er ei bod hi'n gapten y tîm hoci yno, ac yn brif ferch yn ei blwyddyn olaf. Roedd yr awyrgylch yn Seisnig, a dim ond yn y cartref a'r capel y câi hi fwynhau'r iaith a'r diwylliant Cymraeg. Yn ôl Eileen cafodd hi fynd i'r chweched dosbarth a'r brifysgol am ei bod hi mor anobeithiol yn helpu ar y fferm. Doedd hi ddim yn berson ymarferol a dweud y lleiaf, doedd hi ddim gwerth yn y gegin, ac roedd hi hyd yn oed yn llwyddo i ddymchwel y llaeth wrth gario llond

Dosbarth Eileen, Ysgol Ramadeg Hendy-gwyn ar Daf, tua 1934. Eileen yw'r 3edd o'r chwith, rhes ganol.

bwced ar draws y clos. Cafodd barhau â'i haddysg felly, er bod disgwyl iddi 'briodi'n dda' yn sgil hynny. Collodd dri mis o ysgol yn ei harddegau am iddi hi a'i brawd John ddal diptheria, a gorfod treulio cyfnod estynedig yn yr ysbyty, neu byddai'r fferm wedi gorfod rhoi'r gorau i werthu llaeth am y cyfnod. A dweud y gwir bu raid iddi wneud blwyddyn arall yn yr ysgol, gan iddi, yn ychwanegol at golli tymor gyda'r diptheria, golli tymor yn nyrsio ei brawd John ar ôl iddo dorri ei benglog yn dilyn damwain ddifrifol ar ei feic. Roedd hwnnw'n gyfnod gofidus i'r teulu, a rhaid oedd cadw ei ben yn gwbl lonydd am wythnosau. Eileen gafod y gwaith o'i ddifyrru drwy'r cyfnod anodd yma, ac roedd yn cofio eistedd wrth ei wely yn darllen llyfrau a straeon diddiwedd iddo rhag iddo anesmwytho a symud ei benglog. Y ffefryn i Eileen a John oedd *The Hotspur*, cylchgrawn wythnosol i fechgyn.

Roedd gyrfa ysgol Trefor yn hollol wahanol. Cafodd ei eni yn 1918, ac roedd y teulu yn byw yn 34 Station Road, Llangennech. Tŷ teras bach ar rent oedd hwnnw, gyda thair llofft, y rhieni yn y brif ystafell wely, y pum chwaer yn rhannu'r ystafell fawr arall, a'r tri bachgen yn rhannu'r 'bocs rŵm' fach. Nid bod y teulu i gyd yno gyda'i gilydd yn aml. Yr hanes tristaf yw fod y ddwy chwaer hynaf, Gertie a May, wedi gorfod mynd i fyw at chwaer eu mam oedd yn cadw tafarn gyda'i gŵr yn Fiddler's Elbow, ger Abercynon. Fe gynigiodd y fodryb, Anti Gwen, a'i gŵr helpu'r teulu drwy ofalu am y merched hynaf. Mewn gwirionedd roedd Anti Gwen yn eu defnyddio fel morynion di-dâl yn y dafarn, ac roedd yn rhaid iddyn nhw weithio'n galed iawn o fore gwyn tan nos. Fe dynghedodd y ddwy na fydden nhw byth yn dweud wrth eu rhieni, ond fe gafodd eu brodyr a'u chwiorydd wybod yr hanes wedi hynny. Roedd y ddwy yn agos iawn, a'r ddwy yn galw 'fe' ar ei gilydd, fel sy'n digwydd

Eileen a'i brodyr yn blant.

O'r chwith i'r dde: John, Eileen a Llew.

rhwng ffrindiau agos yn nhafodiaith Llangennech, ond 'ti' fyddai hi gyda'r brodyr a'r chwiorydd eraill, a rhwng gweddill y teulu a'i gilydd. Ddaeth Gertie a May byth yn ôl i Langennech i fyw, ond setlo a magu teuluoedd yn ardal Aberdâr ac Abercynon.

Glöwr oedd Henry Beasley, tad Trefor. Mae'n debyg ei fod yn un o ychydig o'i genhedlaeth ef yn Llangennech oedd yn medru darllen ac ysgrifennu Saesneg yn rhugl. Roedd hefyd yn rhywun roedd y pentrefwyr yn medru ymddiried ynddo, ac yn ôl Trefor, roedd llawer yn troi ato pan fydden nhw'n derbyn llythyron swyddogol Saesneg ac angen help i'w deall ac i'w hateb. Pan oedd Trefor yn ymgeisydd Plaid Cymru yn Aberdâr yn etholiad cyffredinol 1955, cafodd lythyr annymunol dienw yn ei alw yn "son of a bastard".

O holi ei frawd Emlyn, cafodd wybod fod eu tad wir yn blentyn siawns. Roedd gweddill y brodyr a'r chwiorydd eisoes yn gwybod yr hanes, ond gan fod Trefor gymaint iau na'r gweddill, doedd e erioed wedi clywed y stori. Mae'n debyg fod tad naturiol Henry yn ffarmwr yn ardal Llwynhendy, rhyw dair milltir a hanner o Langennech, a'i fod wedi gwneud un o forynion y fferm, a oedd yn ôl y sôn yn sipsi, yn feichiog. Wyddom ni ddim pa dor calon ddioddefodd y forwyn, ond er i wraig y ffarmwr, a oedd yn ddi-blant, gynnig magu'r plentyn, dewis y tad oedd talu £2,000 i Cornelius Beasley o Langennech i'w fabwysiadu. Daeth yr hanes yn hysbys ar ôl dyddiau Cornelius pan nad adawodd unrhyw arian i Henry yn ei ewyllys, er iddo adael llawer o arian i'w blant eraill. Roedd rhai pobl am unioni'r cam a gawsai o ran yr etifeddiaeth, ond doedd Henry ddim am ddilyn y llwybr hwnnw. Mae'n debyg ei fod wedi cadw cysylltiad gyda'i dad naturiol, a byddai weithiau yn cael ei roi ar y bws i Lwynhendy i fynd i'w weld. Cafodd ddau baentiad olew mawr ar ôl ei dad naturiol, ac roedd

Trefor yn torri glo yng nghefn 34 Station Road, Llangennech.

Yr unig lun sydd gennym o'r wyth gyda'i gilydd. O'r chwith i'r dde: Dai, Gertie, May, Gwyneth, Emlyn, Jenny, Alice, Trefor.

ganddo feddwl mawr o'r rheiny. Paentiadau sentimental Fictorianaidd o blant mewn gwisg Albanaidd oedden nhw, ond ar ôl dyddiau Henry Beasley cawson nhw eu gwerthu am 'arian cwrw' gan un o'r teulu. Mae'n bosib fod rhywfaint o wirionedd yn y stori mai sipsi oedd mam naturiol Henry, gan i brawf DNA arna i ddangos fy mod i yn 2% o dras Pashtu, canlyniad sy'n gydnaws gyda chael hen fam-gu oedd yn Romani. Er i'w frawd Emlyn annog Trefor i gwyno wrth yr heddlu am y llythyr di-enw, ei daflu i'r tân wnaeth Trefor, gan roi pen ar y mater.

Roedd Henry Beasley yn sosialydd o argyhoeddiad. Roedd yn aelod o'r Blaid Lafur Annibynnol, neu'r ILP, ac yn edmygydd, a chyfaill, i Keir Hardie. Arweiniodd Henry Beasley streic y glowyr yn ardal Llanelli ac roedd y diwrnod pan ddaeth Keir Hardie i gael te yng nghartref y teulu yn Llangennech yn ddiwrnod mawr yn eu hanes. Ond canlyniad ei weithgareddau diwydiannol oedd colli ei waith yn y pwll glo: "Ofala i nad wyt ti na'r un o dy feibion yn cael gwaith unrhyw le yn y maes glo yma byth eto," oedd geiriau olaf y perchennog wrtho. Doedd e ddim yn fodlon "mynd ar y plwy" i gael rhywfaint o dâl diweithdra, felly cynhaliaeth fain gafodd y teulu. Roeddynt yn ddibynnol ar yr ardd a dau fochyn yn y cwt ar ei gwaelod, a'r hyn allai ei wraig ei ennill o fod yn cwiltio ar beiriant yn un o'r ystafelloedd gwely. Doedd y teulu ddim yn gallu fforddio camera, na mynd i stiwdio i gael eu lluniau wedi'u tynnu. Does dim lluniau i gael o blentyndod Trefor, yn wahanol i blentyndod Eileen, arwydd amlwg arall o'r gwahaniaeth dosbarth.

Roedd Gertie a May, y ddwy chwaer fu'n rhaid iddyn nhw fynd at Anti Gwen i Fiddler's Elbow, yn rhagori mewn mathemateg a cherddoriaeth, a thân ar eu croen oedd gweld plant 'blacklegs', sef y dynion oedd wedi torri'r streic

Henry ac Elizabeth Beasley.

a mynd yn ôl i'r gwaith, yn cael mynd ymlaen â'u haddysg. Roedd casineb neilltuol ganddyn nhw tuag at ddwy chwaer a ddaeth yn enwog wedi hynny ym mywyd cyhoeddus Cymru, yn enwedig tuag at yr un a ddaeth yn amlwg yn rhengoedd y Blaid Lafur. Roedd eu tad yn torri'r streic a'i ferched yn mynd â bwyd iddo yn eu cas feiolin rhag i neb wybod beth oedden nhw'n gwneud. "Bydden ni wedi lico cael gwersi feiolin hefyd," oedd sylw Gertie a May. Roedd Dai, yr hynaf o frodyr Trefor, hefyd yn ddisglair, a bryd hynny, os oeddech chi'n pasio'r 'eleven plus', y wobr oedd naill ai cael mynd i ysgol ramadeg neu cael gadael yr ysgol elfennol flwyddyn yn gynnar, yn 13 oed yn lle 14. Cael gadael yr ysgol yn 13 oed wnaeth Dai, a mynd yn löwr i ardal Aberdâr ac Abercynon, lle doedd gan berchnogion pwll glo'r Morlais ddim dylanwad. Roedd mwy o lwch glo ym maes glo ardal Aberdâr, ac fe gafodd Dai niwmoconiosis yn gynnar iawn. Bu'n wael am flynyddoedd maith, a thanc ocsigen wrth ei ochr erbyn y diwedd. Daeth yn ôl i fyw i Langennech, a'i frodyr a'i chwiorydd yn mynd i'w weld yn ffyddlon bob wythnos.

Roedd mam Trefor, Elizabeth (Jenkins cyn iddi briodi) hefyd yn bersonoliaeth gref. Roedd hi'n enedigol o Aberdâr, a chyfarfod yng nghapel yr Annibynwyr yno wnaeth ei fam a'i dad, mewn cyfnod cynharach pan oedd Henry yn gweithio mewn pwll glo yn yr ardal. Roedd Elizabeth yn dod o deulu o statws dipyn yn uwch, yn grefftwyr ac yn ofaint rhaffau yn y pwll glo. Roedd hanes mai dim ond ei thad gâi ofalu am yr offer weindio pan fyddai perchennog y pwll glo yn disgyn ar ymweliad dan ddaear. Ei chwaer hi oedd Anti Gwen, ac roedd chwaer arall, Anti Sal, wedi cael tipyn o addysg, ac yn medru Ffrangeg. Mae'n debyg fod gan Elizabeth lais canu da, ac iddi ganu fel unawdydd yng nghôr enwog Caradog. Ond dilyn Henry nôl i Langennech wnaeth hi, ar ôl i'r ddau briodi un bore Sul wedi'r oedfa yng nghapel yr Annibynwyr yn Aberdâr.

Yn ôl Trefor, roedd hi'n aelwyd lawen iawn, yn gwybod sut i fwynhau'u hunain gyda phethau syml bywyd. Trît Henry ac Elizabeth fyddai cael mynd i'r cwrdd ar nos Sul yng nghwmni'i gilydd, a gadael y plant adre, gyda'r rhai hynaf yn gwarchod y rhai iau. Pan fyddai May adre o Abercynon fe fydden nhw'n cael dal adar drudwy a'u rhostio – bocs cardfwrdd gyda brigyn yn ei ddal i fyny a briwsion bara oddi tano oedd y fagl yn yr ardd, a Trefor fel yr ieuengaf yn cael yr anrhydedd o roi plwc i'r llinyn oedd yn sownd wrth y brigyn i'w trapio. Fel arall byddai gan y plant bob o winwnsyn yn rhostio o flaen y tân, ac yn gorfod bod yn gyfrifol am ei droi nes ei fod wedi digoni. Pan fyddai arian yn caniatáu, hoff fwyd Elizabeth oedd grawnwin, mewn cyfnod pan mai dim ond mynd â grawnwin at gleifion yn yr ysbyty y gwnâi'r rhan fwyaf o bobl. Roedd Henry wedyn yn hoff o wneud ei fwstard ei hun gyda phowdr Coleman's Mustard – châi neb arall yn y tŷ wneud hwnnw. Fe hefyd oedd yn gwneud y bresych coch wedi'u piclo, a dyna oedd ei wledd ar ôl capel – bresych wedi'u piclo a thost. Dim ond un enllyn oedd yn cael ei ganiatáu, felly doedd dim caws nac ymenyn gydag e. Roedd Henry ac Elizabeth mor agos, doedd Henry ddim yn fodlon bwyta heb fod Elizabeth yno. Os oedd hi wedi mynd i'r dre i siopa, a'r plant yn ei gymell at y bwrdd, "Na, arhosa i nes bod dy fam yn dod sha thre," fyddai ei ateb bob tro. Bu Henry farw ychydig fisoedd ar ôl Elizabeth – wnaeth e fwyta prin ddim wedi hynny, ac aeth ei gof ar chwâl hefyd.

Cyferbynnai Trefor agwedd afieithus ei deulu e tuag at fwyd gydag agwedd barchus, ofalus teulu Eileen. Doedd tad Eileen ddim yn caniatáu iddyn nhw ddechrau bwyta tatws newydd o'r ardd nes bod yr hen gnwd wedi'i orffen, ond i deulu Trefor, tatws newydd oedd un o'r bwydydd hyfrytaf i'w blasu a'u dathlu cyn gynted ag oedd modd. Byddai ei chwaer Gwyneth yn mynd allan i'r ardd yn ddirgel â llwy a chrafu dan y gwlydd tatws cynnar i gael pryd bach iddi hi ei hun cyn fod digon yno i wneud pryd llawn. Doedd tlodi ddim yn esgus dros beidio mwynhau'r pethau bychain.

Dim ond addysg ysgol y pentref gafodd Trefor felly, a gorfod gadael i fynd i weithio yn 14 oed. Roedd yn ymfalchïo yn y ffaith ei fod e a'i ffrind Gwilym Banfield wedi cael eu dewis i chwarae rygbi gyda thîm Llanelly Schoolboys. Dim ond bechgyn Ysgol Ramadeg Llanelli gâi eu dewis fel arfer, ac roedd yn beth mawr fod bechgyn o ysgol bentref yn ddigon da i fod wedi'u cynnwys hefyd. Doedd fawr o Gymraeg yn yr ysgol, ond roedd barddoniaeth Saesneg yn cael ei dysgu, a Trefor wrth ei fodd gyda barddoniaeth

Shelley, Byron, Tennyson a'u tebyg, er ei fod yn cuddio'i ddiddordeb oddi wrth y bechgyn eraill. Byddai'n cael benthyg llyfrau o'u gwaith gan Dr Meldrum, y meddyg lleol, yn y cyfnodau hynny pan fyddai adref o'r ysgol wedi anafu – canlyniad chwarae rygbi neu gampau tebyg. Pan oedd tua 12 oed fe dorrodd bont ei ysgwydd yn sefyll ar ei ddwylo ar ben sleid uchel ym mharc y pentref, yn ceisio dangos ei ddawn i'r merched yno.

Ei swydd gyntaf yn 14 oed oedd fel garddwr yn Y Parc, y plasty lleol. Pharhaodd y swydd honno ddim yn hir am iddo wrthod tynnu ei gap a chyfarch y perchennog fel 'syr'. Cafodd waith wedyn yn y felin lif, neu'r 'sawmills' yn Llangennech, ond collodd y swydd honno am iddo geisio cychwyn undeb lafur yn yn y felin. Er i'w deulu ymdrechu'n galed i'w gadw allan o'r pwll glo, ac er bod y perchennog wedi bygwth ei dad flynyddoedd yn gynt na châi ef na neb o'i feibion waith eto yn un o byllau glo'r ardal, mynd i weithio yn y pwll glo lleol, Pwll Glo'r Morlais, neu Talclun fel y'i gelwid yn lleol, wnaeth Trefor yn y diwedd, ac yntau erbyn hynny yn 17 oed. Mi fyddai hynny wedi bod tua 1935-36, ac erbyn hynny roedd bywyd newydd yn y diwydiant glo, a glo yn dod yn bwysicach wrth baratoi at yr Ail Ryfel Byd.

Yn 1936 y cychwynnodd y Rhyfel Cartref yn Sbaen, gyda llawer o lowyr Cymru yn cefnogi'r gweriniaethwyr yno ac yn ffyrnig eu gwrthwynebiad i'r Ffasgwyr. Ffurfiwyd Brigâd Ryngwladol i fynd i ymladd yno fel gwirfoddolwyr, dan arweiniad y sosialwyr a'r comiwnyddion, gyda rhan flaenllaw yn cael ei chwarae gan Ffederasiwn Glowyr De Cymru ym mhyllau glo'r de. Dyma'r awyrgylch oedd yn gefndir i arddegau Trefor, gartref gyda'i dad a hefyd yn y gymdeithas lofaol ehangach. Erbyn hyn roedd Trefor yn sosialydd o argyhoeddiad, ac yn awyddus i ymuno â'r Cymry oedd yn ymladd yn Sbaen ar ochr y gweriniaethwyr.

Llwyddodd i fynd mor bell â dociau Abertawe i ddisgwyl llong i'w gludo i Sbaen. Fodd bynnag, daeth ei dad i wybod hyn, ac aeth yno ar frys i'w nôl adre. Roedd mam Trefor yn wael iawn ar y pryd, a dadl ei dad oedd "y byddai'n ddigon amdani" petai Trefor yn mynd ymlaen â'i fwriad. Llwyddodd ei dad i'w berswadio i fynd adre, a bu farw ei fam ymhen rhyw ddwy flynedd wedyn.

Pennod 2

Gwaith a choleg

YMDAFLODD TREFOR i weithgareddau'r Undeb Lafur yn syth o'r amser y cychwynnodd yn y pwll glo. Erbyn ei fod yn ugain oed, roedd yn gynrychiolydd undeb, a bu'n 'compo sec' neu'n ysgrifennydd iawndal yr Undeb am flynyddoedd maith. Ffederasiwn Glowyr De Cymru oedd yr Undeb pan ddechreuodd Trefor fel glöwr, ond trodd i fod yn rhan o undeb newydd, Undeb Genedlaethol y Glowyr, yn 1945. Yn 1947 cafodd y diwydiant glo ym Mhrydain ei wladoli, a gweithgareddau'r Undeb oedd prif ganolbwynt Trefor yn y blynyddoedd hyn. Daeth yn ysgrifennydd yr Undeb yng Nghyfrinfa neu 'Lodj' Pwll Glo'r Morlais, ac roedd yn gadeirydd yno yn ei flwyddyn olaf yn y gwaith, yn 1964-65.

Gwaith Trefor yn y pwll glo oedd 'agor ffas' sef arloesi i agor talcen glo newydd, a gosod y pyst pren fyddai'n cynnal y to er mwyn i lowyr ddechrau cloddio glo yno. Yn aml iawn byddai'n gweithio mewn dyfnder o ddŵr wrth wneud hyn – rhywbeth a gyfrannodd at y gwynegon neu'r cryd cymalau a ddioddefai yn nes ymlaen yn ei fywyd.

Roedd ganddo ddiddordeb arbennig mewn iechyd a diogelwch, ac wrth ei fodd yn ennill achosion i wragedd gweddw i hawlio iawndal ar ôl i'w gwŷr gael anaf neu

Llun o ffas ym mhwll glo'r Morlais a dynnwyd yn 1971, tua 4 blynedd ar ôl i Trefor adael y pwll. Llun gan John Cornwell.

niwmoconiosis o weithio dan ddaear. Flynyddoedd yn ddiweddarach enillodd achos ei hun am ddifrod llwch glo i'w ysgyfaint, pan oedd yr Undeb wedi gwrthod ymladd ei achos, am ei fod erbyn hynny wedi gadael y pwll glo ers blynyddoedd.

Pan oedd Trefor yn löwr ifanc, roedd y rhan fwyaf o swyddogion undeb yn aelodau naill ai o'r Blaid Lafur neu'n gomiwnyddion. Wnaeth Trefor erioed ymuno â'r naill blaid na'r llall, er bod nifer o ymdrechion wedi'u gwneud i ddwyn perswâd arno i wneud. Mae'n debyg ei fod yn dilyn syniadaeth ILP ei dad, ac yn rhannu siom Henry Beasley yn y Blaid Lafur. Bu Trefor yn hir cyn dod o hyd i gartref gwleidyddol cydnaws iddo'i hun. Dywedodd ei fod yn siarad 'ar ben pwll' erbyn iddo fod yn 20 oed, a'r gosb am fod yn weithgar gyda'r Undeb oedd cael gwrthod caniatâd i adael ei shifft yn gynnar ar ddydd Sadwrn er mwyn mynd i chwarae criced i dîm y pentref. Roedd Trefor yn gricedwr da, ac yn chwarae dros glwb criced Llangennech. Mae'n debyg ei fod yn rhagori fel bowliwr cyflym, tra bod ei frawd hynaf Dai yn fatiwr eithriadol, ac yn gapten tîm criced yn Abercynon pan oedd yn gweithio yno.

Saesneg oedd iaith gweithgareddau swyddogol yr Undeb, yn ogystal ag unrhyw areithio, neu siarad cyhoeddus. Un o hoff straeon Trefor oedd sut roedd un o'r hen do wedi rhoi cyngor iddo wrth iddo ddechrau siarad yn gyhoeddus: "You must substantiate your allegations" – cyngor i beidio gwneud honiadau heb dystiolaeth, ond mewn Saesneg go ryfedd! Roedd y pwyllgora, a'r teithio ar waith undeb, yn addysg i rywun nad oedd tan hynny wedi cael llawer o brofiad y tu allan i'w filltir sgwâr. Soniai am ddysgu bwyta allan a chiniawa, pan oedd y rhan fwyaf o'i gyfoedion yn Llangennech yn hapus i fynd i siop jips a bwyta'r pysgod a sglodion allan o'r papur newydd ar sgwâr y pentre. Byddai'n mynd weithiau i Abertawe ar waith yr undeb, ac os oedd Meirwen, ei nith hynaf o Aberdâr, a oedd yn ei arddegau bryd hynny, yn aros gyda'r teulu byddai'n mynd â hi gydag e, a rhoi arian iddi fynd i'r pictiwrs tra byddai e mewn cyfarfod undeb. Byddai hefyd yn hoffi mynd i'r Kardomah Cafe a siop lyfrau ail-law Ralphs yn Abertawe, lle byddai'n cymysgu gyda chriw bohemaidd Dylan Thomas a'i ffrindiau. Un tro tynnodd Dylan Thomas lun cartwnaidd o Trefor ar gefn paced Woodbines, ond taflodd Trefor y llun i'r bin wedyn. Yn nes ymlaen, pan oedd yn brin o arian, byddai'n ein pryfocio ni'r plant drwy ddweud yn gellweirus y gallai fod yn ddyn cyfoethog petai wedi cadw'r llun hwnnw!

Roedd Trefor yn adnabod nifer o gomiwnyddion, yn Farcswyr ac yn Drotskywyr yn yr undeb, ac o weld nad oedd ef yn cynhesu at y Blaid Lafur, byddai rhai yn daer i'w ennill i'w hochr nhw. Yn y diwedd, gwrthod comiwnyddiaeth wnaeth Trefor, er y byddai yn ddiweddarach yn mwynhau dadlau gyda chomiwnyddion o genedlaetholwyr fel Gareth Miles a Gwyn Griffiths, er ei fod yn anghytuno â nhw. Yn y tridegau a'r pedwardegau roedd nifer o ffoaduriaid neu garcharorion rhyfel o ddwyrain Ewrop yn gweithio yn y pwll glo ac yn rhannu eu profiadau gyda Trefor. Roedd clywed straeon erchyll gan ddynion o Latfia a Lithwania am ymddygiad y Sofietiaid yn ddigon i'w argyhoeddi i gadw draw oddi wrth y comiwnyddion, ac felly digon unig oedd ei lwybr gwleidyddol yn y cyfnod hwn.

Gan iddo adael yr ysgol yn 14 oed, roedd yr ysgol nos yn bwysig i Trefor fel ffordd i barhau â'i addysg. Roedd dosbarthiadau Cymdeithas Addysg y Gweithwyr neu'r WEA yn Llangennech yn cynnwys cyrsiau ar yr economi, pwnc yr oedd gan Trefor ddiddordeb mawr ynddo. Yn arwain y dosbarthiadau hyn roedd y Dr. D.J. Davies, economegydd Plaid Cymru. Datblygodd D.J. Davies yn fentor iddo, a chofleidiodd Trefor, ac Eileen hithau, sosialaeth gydweithredol Dr D.J. Davies a'i wraig, Dr Noëlle Davies, fel eu cred wleidyddol, a oedd yn mawrygu esiampl gwledydd bach democrataidd Sgandinafia.

Yr un fath â Trefor, roedd D.J. Davies yn fab i löwr, ac wedi gweithio fel glöwr ei hun. Roedd ganddo gysylltiadau cynnar gyda'r ILP a'r Blaid Lafur, ond gadawodd Lafur i ddod yn un o sylfaenwyr Plaid Cymru. Roedd yn gymeriad lliwgar, wedi teithio'n eang, wedi byw fel 'hobo' neu dramp yn ôl ei straeon ei hun tra roedd yn teithio ar draws America ar y rheilffyrdd yno, ac yn y diwedd wedi priodi gwraig o dras uchelwrol o Iwerddon. Ceisiodd D.J. a Noëlle sefydlu Ysgol Werin ym Mhantybeiliau, Gilwern, Sir Fynwy, ar batrwm ysgolion gwerin Denmarc, a bu Trefor ac Eileen yn aros gyda nhw yno yn nes ymlaen.

Cyfuniad D.J. Davies o sosialaeth a chenedlaetholdeb, gyda'i bwyslais ar gydweithrediad rhwng y gwledydd a rhwng gweithwyr a'i gilydd, fu credo Trefor ac Eileen weddill eu hoes. Dan ddylanwad D.J. Davies, ymunodd Trefor â Phlaid Cymru a dechrau mynychu Ysgol Haf y Blaid. Dydw i ddim yn siwr pa un oedd ei Ysgol Haf gyntaf – mae'n bosib iddo fod yn y Fenni yn 1946, lle gwnaeth D.J. a Noëlle Davies lawer o'r gwaith trefnu, ond roedd yn sicr yn Ysgol Haf 1948, a chael modd i fyw yng nghwmni pobl o gyffelyb fryd. Er, roedd yn cwyno fod mynychwyr yr Ysgol Haf â mwy o'u bryd ar drafod barddoniaeth Gymraeg na phynciau llosg economaidd y dydd! Y gwir oedd fod Trefor, fel un na chafodd fawr o addysg ei hun ond a oedd wrth ei fodd gyda llenyddiaeth, yn mwynhau bod yng nghwmni 'pobl y pethe' yn fawr iawn, a chael cwrdd â phobl y tu allan i'w gylch arferol yn y pentref a'r pwll glo. Un o straeon Trefor oedd fod Waldo Williams, y bardd, oedd hefyd yn un o'r dynion oedd yn cysgu ar y 'camp beds' ar lawr yr ysgol lle cynhelid yr Ysgol Haf, wedi cyfansoddi englyn eithaf coch i'r criw dynion oedd gydag e. Bu cryn dynnu coes a herio Waldo i adrodd ei englyn newydd i'r merched pan ddaeth y rheiny atyn nhw. Y llinell goch oedd "Siôr chwech sydd siwr o'i chachu" ond Waldo gafodd y trechaf arnyn nhw, achos erbyn iddo gael ei berswadio i'w adrodd i'r merched, roedd wedi medru newid y llinell – gan gadw'r gynghanedd – i "Siôr chwech sydd siwr o'i chochi" – testun difyrrwch ychwanegol wrth gwrs i Trefor a'r criw.

Rywdro yn y cyfnod hwn y newidiodd Trefor sillafiad

D.J. Davies a Dr Noëlle Davies ym Mhantybeiliau.

ei enw cyntaf – Trevor oedd ar ei dystysgrif geni – i'r ffurf fwy Cymreigaidd Trefor. Roedd hyn yn fwy cydnaws gyda'i ddaliadau gwleidyddol newydd.

Yn y brifysgol yng Nghaerdydd y cafodd Eileen ddechrau ymgyrchu. Yr oedd wedi addo iddi'i hun y byddai yn ymuno â Phlaid Cymru pan gâi gyfle, ers clywed am losgi'r Ysgol Fomio ym Mhenyberth, a hithau'n bymtheg oed. Digon unig oedd Eileen cyn mynd i'r coleg. Roedd ei thad yn ddyn eithriadol o swil, gyda thuedd i fynd i guddio pan ddeuai ymwelwyr dieithr heibio i glos y fferm. Doedd dim croeso i Eileen ddod â ffrindiau ysgol adre gyda hi, a'r unig ddihangfa fyddai gweithgareddau'r capel. Roedd 'Penny Readings', sef cyfarfodydd adloniadol o wahanol eitemau, yn dal yn boblogaidd hefyd, a Lizzie'r forwyn, nid ei mam, fyddai'n dysgu ambell i eitem i Eileen gymryd rhan ynddyn nhw. Roedd Eileen yn canmol yr ysgol Sul i bobl ifanc yn y capel, dan arweiniad y gweinidog, y Parchedig Cadwaladr Williams. Roedd yno griw o bobl ifanc ddeallus a bywiog o gwmpas yr un oed, ac fe ofalodd y gweinidog roi sylfaen addysg Feiblaidd drylwyr i'r criw bach.

Yn anffodus, pan aeth Eileen i'r brifysgol yn 1940, roedd hi'n amser rhyfel, a llawer o'r dynion ifanc i ffwrdd yn ymladd. Digon tenau oedd bywyd cymdeithasol y myfyrwyr felly, a dyletswyddau fel gwarchod rhag cyrchoedd bomio yn gymysg gyda'u hastudiaethau. Cofiai Eileen am orfod helpu i ddiffodd tân yn nho yr hostel unwaith ar ôl i fom ddisgyn, gan estyn bwceidiau o dywod i fyny i'r ferch oedd yn yr atig. Roedd honno'n gwisgo sodlau main, oedd yn gwneud tyllau yn y nenfwd, ac Eileen yn gorfod rhoi ei bysedd bawd oddi tanynt rhag i'r ferch ddisgyn drwodd! Dro arall fe achubodd Eileen a'r criw bach oedd ar ddyletswydd, fywyd teulu oedd ar lawr uchaf eu tŷ, a hwnnw ar dân ar ôl i fom ddisgyn arno. Daliodd wyth ohonyn nhw ddefnydd parasiwt ar agor oddi tanyn nhw i'r teulu bach neidio iddo un ar y tro. Flynyddoedd yn ddiweddarach, roedd darn o ddeunydd y parasiwt yn dal gan Eileen, a hithau'n ei ddefnyddio i lanhau ffenestri. Doedd dim byd yn cael ei wastraffu.

Wedi'r cyrchoedd awyr cyntaf, newidiodd rhai o'r merched i astudio yng Ngholeg Prifysgol Aberystwyth, oedd yn lle mwy diogel rhag y bomiau, a phenderfynodd rhai o ferched y cymoedd deithio o'u cartrefi bob dydd yn hytrach nag aros yn y ddinas. Aeth bywyd cymdeithasol Eileen yn fwy unig a thawel unwaith eto.

Ond ymdaflodd Eileen i'r gweithgareddau allgyrsiol gymaint ag y medrai. Fe wellodd pethau rywfaint iddi ar ôl i'w mam a Lizzie'r forwyn ddod â'i beic iddi ar y trên i Gaerdydd. Byddai'n teithio'n helaeth ar gefn ei beic o gwmpas Morgannwg, a'i hardal gartref yn ystod y gwyliau, gan fwynhau'r rhyddid a ddeuai yn ei sgil. Yn ôl y broliant ar un o'i thaflenni etholiadol yn nes ymlaen, bu'n ysgrifennydd y Gymdeithas Gymraeg, yn ysgrifennydd yr Eisteddfod, yn aelod o dîm hoci'r brifysgol, ac fe enillodd Adran Lenyddiaeth yr Eisteddfod Ryng-golegol ddwy flynedd yn olynol. Ailgyhoeddwyd un o'i cherddi buddugol, 'Ym Mharc y Rhath', yn *Awen Myrddin*, Cyfres Barddoniaeth y Siroedd (Llyfrau'r Dryw 1959).

Roedd nifer o'r darlithwyr i ffwrdd yn y rhyfel hefyd, a disgynnai'r baich yn drwm ar yr ychydig oedd ar ôl. Cymraeg oedd prif bwnc Eileen, gyda Ffrangeg a Saesneg yn bynciau atodol. W.J. Gruffydd a Gruffydd John Williams oedd ei darlithwyr, ond doedd gan Eileen fawr o feddwl o W.J. Gruffydd. Yn ei barn hi, roedd yn ddiog ac yn esgeuluso'r gwaith o ddarlithio i'r myfyrwyr, gan adael y gwaith caled i gyd i Gruffydd John Williams. Pan ymgeisiodd W.J. Gruffydd yn erbyn Saunders Lewis i fod yn aelod seneddol dros Brifysgol Cymru, roedd Eileen yn gadarn o blaid Saunders Lewis. Yn wir, pan ofynnodd Mrs Walters, ysgrifenyddes W.J. Gruffydd, i Eileen ei helpu gyda'r etholiad, fe wrthododd, gan ddweud ei bod hi'n deyrngar i Blaid Cymru.

Yn dilyn ethol W.J. Gruffydd yn aelod seneddol, aeth baich gwaith Gruffydd John Williams yn drymach fyth, gydag Eileen yn ffyrnig o weld W.J. yn manteisio'n annheg arno, ac iechyd Gruffydd John yn dioddef o'r herwydd. Daeth Gruffydd John ac Eileen yn dipyn o ffrindiau, gydag Eileen yn cael ei gwahodd i de gan Gruffydd John a'i wraig Elisabeth, gyda'r rhybudd i beidio dweud dim wrth y myfyrwyr eraill, achos mai hi oedd yr unig un a gâi'r fraint a'r ffafriaeth honno. Cadwodd Eileen mewn cysylltiad agos gyda nhw ar ôl ei dyddiau coleg, a chyda gweddw Gruffydd John ar ôl iddo yntau farw.

Gan ei bod hi'n amser rhyfel, a phrinder dynion i fod yn athrawon yn ysgolion y wlad, roedd pwysau ar Eileen i adael coleg a mynd i ddysgu yn syth ar ôl graddio. Bryd hynny roedd gradd gyffredin yn cymryd tair blynedd o astudio, a gradd anrhydedd yn cymryd pedair blynedd. Byddai Eileen wedi hoffi cael aros i astudio am radd anrhydedd yn y bedwaredd flwyddyn, ond gwneud ymarfer dysgu yn lle hynny fu raid, a mynd i chwilio wedyn am swydd fel athrawes. Ar ôl ymddeol, flynyddoedd maith yn ddiweddarach, cafodd Eileen gyflawni'i dymuniad i ddilyn gradd anrhydedd lawn yn y Gymraeg, drwy ddilyn y cwrs dysgu o bell ym Mhrifysgol Aberystwyth, a chael modd i fyw gyda'r criw ysbrydoledig o ddarlithwyr a myfyrwyr aeddfed eraill y cwrs.

Er y prinder athrawon, roedd hi'n anodd cael hyd i swyddi yng Nghymru yn 1944, gyda'r galw mawr yn dod yn bennaf o Loegr. Bryd hyn y dangosodd Eileen ei hegwyddorion yn glir, drwy wrthod cymryd swydd yn Lloegr, er cymaint oedd ei thad yn pwyso arni, gan fynnu aros yng Nghymru i weithio. Roedd hi bron yn ddechrau tymor yr hydref erbyn iddi gael cynnig swydd o'r diwedd yn Ysgol Coleg Dewi Sant yn Llanbedr Pont Steffan. Ysgol eglwysig i fechgyn oedd hon, oedd ar fin cau. Roedd disgwyl i ysgol uwchradd gymysg newydd gael ei sefydlu yn y dref ymhen y flwyddyn a fyddai'n ei disodli. Doedd dim llawer o athrawon na disgyblion ar ôl ynddi, ond mwynhaodd Eileen ei blwyddyn yno, yn gorfod dysgu pob math o bynciau, gan gynnwys chwaraeon i'r bechgyn. Gan ei bod hi ei hun wedi chwarae hoci yn yr ysgol, sefydlodd dîm hoci bechgyn yno, ac roedd yn falch iawn o'r llwyddiant hwnnw.

Ymhen y flwyddyn, cafodd swydd yn dysgu Cymraeg a Ffrangeg yn Ysgol Ramadeg y Merched, Caerfyrddin, ac yno y bu tan iddi briodi. Yng Nghaerfyrddin cafodd lety gyda Miss Griffiths, Stryd y Gwyddau, hen wraig eithaf unig y bu Eileen yn fawr ei gofal ohoni hyd ddiwedd ei hoes.

Yng Nghaerfyrddin, roedd yn ddigon agos i fynd adref ar benwythnosau a gwyliau, gan y disgwylid iddi helpu ar fferm y teulu o hyd, yn enwedig â'i mam erbyn hynny yn orweddiog ac yn methu gwneud fawr ei hun. Ymdaflodd Eileen i waith y Blaid yno, a hefyd Aelwyd yr Urdd, lle bu'n helpu i redeg y gangen am flynyddoedd.

Er mai Ffrangeg oedd un o'r ieithoedd roedd Eileen wedi'u hastudio yn yr ysgol a'r brifysgol, doedd hi erioed wedi cael teithio i'r cyfandir. Doedd plant ffermwyr ddim fel arfer yn cael gwyliau, ac erbyn iddi gyrraedd y brifysgol, roedd y rhyfel wedi atal unrhyw obaith am fynd dramor. Yn 1948 daeth cyfle i Eileen deithio i'r cyfandir am y tro cyntaf gyda thaith yr Urdd i Lydaw i wersyll haf cymdeithas KEAV yno, cymdeithas sy'n trefnu gwersi Llydaweg drwy gyfrwng y Llydaweg. O'r lluniau o'r daith, roedd Stella Treharne yn un o'r criw, a gwyddom fod Dr Ceinwen

Dr Ceinwen, Stella, Eileen yn dysgu gwneud dawns Lydewig gyda Ronan Huon.

Thomas, un arall o'r genhedlaeth honno o ferched y Blaid a gafodd yrfa lwyddiannus ac na wnaeth erioed briodi, yno hefyd. Yn 1998, hanner canrif ar ôl y gwersyll cyntaf, cafwyd aduniad, a gwahoddwyd Eileen a Dr Ceinwen i'w fynychu ar gost y cyfeillion yn Llydaw. Daeth y cysylltiad Llydewig yn nes ymlaen yn bwysig iawn i Trefor ac Eileen, ac er na theithiodd Trefor ei hun erioed i'r cyfandir, daeth eu cartref yn gyrchfan ac yn lloches i nifer o Lydawiaid gwlatgar, ar wyliau neu ar eu ffordd i Iwerddon fel ffoaduriaid gwleidyddol. Roedd hyn ond yn un agwedd ar y cenedlaetholdeb rhyngwladol, eang ei orwelion, yr oedd y ddau yn ei rannu.

Yr oedd i Eileen hefyd ei mentoriaid cenedlaetholgar, sef Tom Stephens a'i wraig Pegi o Dalgarreg. Does dim cofnod o pryd na sut y daeth Eileen i gysylltiad â Tom Stephens, ond mae'n ddigon tebygol fod y ddau yn troi yn yr un cylchoedd cenedlaetholgar. Roedd Tom yn brifathro Ysgol Talgarreg yng Ngheredigion, ac roedd ef a'i wraig yn hynod garedig wrth nifer o bobl ifanc. 'Wncwl Tom', fel y byddwn i a'm brawd yn ei alw yn nes ymlaen, fu'n edrych ar ôl y bardd Dewi Emrys a'i ferch Dwynwen. Gan nad oedd gan ei rhieni ei hun ddiddordeb mewn gwleidyddiaeth nac addysg, mynnai Eileen mai Wncwl Tom ac Anti Pegi fu'n edrych ar ei hôl, fel athrawes ifanc ac fel aelod ifanc o Blaid Cymru. Mae hanesion difyr am Wncwl Tom fel prifathro Ysgol Talgarreg yn hunangofiant Barbara Davies, *Y Faciwî* (Y Lolfa, 2013). Yn rhyfedd ddigon, mae sôn am hen gar Wncwl Tom yn yr hunangofiant, ac un o'n hatgofion cynnar ni fel plant yn y pumdegau oedd Wncwl Tom yn yr hen gar – oedd erbyn hynny yn dipyn hŷn a mwy clapiog – yn galw gyda ni yn y bwthyn yn Llangennech. Byddai Wncwl Tom yn dod â chwdyn llawn jelly beans i ni, er bod Eileen yn dwrdio a ddim yn fodlon i ni fwyta 'sothach' fel arfer.

Roedd y ffordd o Dalgarreg i Langennech yn bell, ac mae'n ddigon posib mai galw heibio i roi ei gefnogaeth i Trefor ac Eileen yn ystod blynyddoedd unig brwydr y dreth fyddai Wncwl Tom.

Er i Trefor ac Eileen gyfarfod gyntaf ar Bwyllgor Sir Gaerfyrddin o Blaid Cymru, yn ôl atgofion Trefor mae'n debyg i'r garwriaeth ddechrau ar daith Plaid Cymru i Ynys Manaw. Mae lluniau o Trefor gyda merch arall ar y ffordd i Ynys Manaw, ond gyda'i fraich o amgylch Eileen ar y ffordd yn ôl!

Priododd y ddau ar Orffennaf 31, 1951, yng nghapel yr Annibynwyr, Henllan Amgoed. Roedd Trefor yn 32 oed, ac Eileen yn 30 oed. Priodas fach iawn oedd hi, gan fod mam Eileen yn wael iawn erbyn hyn. Cynhaliwyd y brecwast priodas yn fferm Cilpost, y tu allan i Hendy-gwyn ar Daf, lle roedd Anti Nan, modryb Eileen, yn byw.

Anti Nan oedd unig chwaer tad Eileen, ac yn wraig o

Y llun cyntaf o Trefor ac Eileen gyda'i gilydd, mae'n debyg ar y ffordd yn ôl o Ynys Manaw.

Trefor ac Eileen ar y prom yn Aberystwyth, yno ar gyfer un o bwyllgorau'r Blaid.

Y gwahoddedigion yn y brecwast priodas yn fferm Cilpost. Anti Nan yw'r ail o'r dde yn y cefn.

gymeriad arbennig. Roedd hi wedi achub cam Eileen lawer gwaith ar hyd y blynyddoedd, gydag Eileen yn hoff iawn o adrodd sut y daeth Anti Nan i glos y fferm yn ei phoni a thrap un bore cyn ei arholiadau *Higher,* i'w chipio i Cilpost am fis iddi gael llonydd i astudio. Gwnaeth hyn gan fod tad Eileen yn disgwyl iddi godi i odro a gwneud y goruchwylion fferm arferol, arholiadau neu beidio, ac nid oedd ef yn fodlon ychwaith iddi gael cadw'r lamp olew ymlaen i ddarllen wedi iddi dywyllu min nos. Roedd Trefor hefyd yn hoff iawn o Anti Nan a'i gŵr, Wncwl Rowland. Ymddeolodd y ddau o'r fferm yn gynnar a mynd i fyw i Hendy-gwyn wedi i Wncwl Rowland fynd yn wael gyda TB, a bu'r ddau yn hael eu cefnogaeth i Trefor ac Eileen. Perthyn i'r hen draddodiad Rhyddfrydol oedd y ddau, ac fe wnaethon nhw addef iddyn nhw bleidleisio dros y Rhyddfrydwyr eu holl oes, fel tad Eileen yntau, hyd at 1966, pan bleidleision nhw dros Blaid Cymru a helpu i sicrhau buddugoliaeth Gwynfor Evans yn yr is-etholiad tyngedfennol hwnnw.

Pennod 3

Prynu tŷ a dechrau teulu

YN 1952 PRYNODD Trefor ac Eileen fwthyn bach yn Llangennech i fyw ynddo ar ôl priodi, bwthyn o'r enw Allt Siaffre, rhif 2 yr Allt. Tynnodd Eileen ei phensiwn athrawes allan i helpu talu am y bwthyn, er doedd hi ddim yn siwr a oedd hynny'n beth call ai peidio ymhen blynyddoedd wedyn, ar ôl gweld ei phensiwn mor fach wedi ymddeol. Rhoddodd Gwyneth, chwaer Trefor, a'i gŵr Maldwyn, fenthyg £400 iddyn nhw i gyfrannu at y tŷ, a daeth y gweddill o'r arian o gynilion Trefor, a oedd hyd at hynny wedi byw gyda Gwyneth a Maldwyn yn Llangennech ers colli'i rieni yn 20 oed. Roedd y £400 yna yn chwedlonol yn hanes y teulu, gan ei fod yn cael ei basio ymlaen rhwng un brawd neu chwaer i'r llall yn ôl yr angen. Cychwynnodd ei daith yn helpu ailadeiladu cefn tŷ Emlyn, un o frodyr Trefor, a'i wraig Lena, yn Rhandir Terrace yn Llangennech (neu Tai Joseff a rhoi iddo ei hen enw anffurfiol) ar ôl i fom ddisgyn arno yn ystod yr Ail Ryfel Byd. Ar ôl helpu Trefor ac Eileen aeth y £400 ymlaen at Jennie, chwaer arall, a'i gŵr Evan, i wneud cegin newydd yng nghefn eu tŷ nhw yn Llanelli. Nid gydag arian yn unig roedd Gwyneth a Maldwyn yn helpu gweddill y teulu. Yn ddi-blant eu hunain, roedd eu parlwr ffrynt yn lloches i unrhyw un o'r teulu oedd angen cartref dros dro. Yno y bu Emlyn a Lena yn byw ar ôl i'r bom ddisgyn hyd nes bod eu tŷ nhw wedi'i drwsio, ac yno y ganwyd Meirwen, merch gyntaf May, un o'r chwiorydd hynaf, er mai yn Abercynon roedd wedi cartrefu. Yno hefyd y ganwyd Elidyr fy mrawd, plentyn hynaf Trefor ac Eileen, yn Ebrill 1952. Er bod y bwthyn ar yr Allt wedi'i brynu ers rhai misoedd, roedd cryn dipyn o waith adnewyddu i'w wneud cyn y byddai'n addas i fyw ynddo. Byddai Trefor a'i frawd Emlyn yn gweithio'n ddyfal arno ar ôl oriau gwaith ac ar benwythnosau i'w gael yn barod i'r teulu bach. Yr oedi hwn cyn symud i mewn sydd i gyfrif mai 34 Station Road yw'r cyfeiriad ar y llythyron cyntaf yn gofyn i'r cwpwl ifanc dalu'r dreth cyngor.

Bwthyn bach iawn oedd y cartref newydd, cegin fyw ar y chwith a pharlwr ar y dde, ystafell ymolch a phantri yn y cefn, a dwy ystafell wely i fyny'r grisiau. Roedd yna Rayburn yn y gegin oedd yn gwresogi'r tŷ cyfan, ac ar hwn roedden nhw'n coginio hefyd. Fel glöwr, roedd Trefor yn cael glo am ddim, a hefyd byddai'n aml yn cael dod adre gyda darn o un o'r hen 'pit props' o'r pwll glo. Roedd tar dros y rhain i gyd, a bydden nhw wedi'u lapio'n ofalus mewn hen bapur newydd, rhag i'r tar fynd dros ddillad rhywun, ond roedden nhw'n llosgi'n dda yn y Rayburn bach. Bydden nhw'n falch iawn o'r Rayburn yn nes ymlaen gan nad oedd modd i'r beiliaid ei dynnu a'i gario i ffwrdd, achos o leiaf roedd ganddyn nhw wres o hyd a modd i goginio.

Patrwm shifft oedd i'r pwll glo, bum diwrnod yr wythnos erbyn y pumdegau, i gadw i gloddio'r glo bedair awr ar hugain. Roedd Trefor felly yn gweithio naill ai 'tyrn bore', 'tyrn pnawn' neu 'tyrn nos' yn y pwll glo. Pan fyddai e'n gweithio 'tyrn nos' byddai'n rhaid i bawb yn y tŷ fod yn dawel iawn rhag ei ddeffro, ac yntau'n ceisio cysgu'r dydd. Ar yr adegau hyn, fyddai e ddim ar gael i fynd i gyfarfodydd neu bwyllgorau gyda'r nos, ond o leiaf roedd y penwythnosau'n rhydd, a'r gweithio fore Sadwrn wedi dod i ben. Roedd bywydau Trefor ac Eileen yn brysur gyda phwyllgorau a chyfarfodydd Plaid Cymru, a gwaith undeb y pwll glo yn achos Trefor, a'r ysgol Sul a'r capel yn achos Eileen. Doedd dim ffôn na char ganddyn nhw, a digon trafferthus oedd gwneud popeth drwy lythyr neu wyneb yn wyneb. Ychwanegwyd cyfrifoldeb magu teulu hefyd yn ddigon buan, wedi geni Elidyr yn 1952, a finnau yn 1954. Os cafodd Elidyr ei eni ym mharlwr ffrynt ei fodryb Gwyneth yn Ffordd yr Orsaf, cefais i fy ngeni yn yr ystafell wely yn y bwthyn ar yr Allt. Doedd neb gydag Eileen ar y pryd – Trefor wedi rhuthro am y ciosg ffôn agosaf i ofyn unwaith eto i'r nyrs ardal frysio, a'r babi eisoes wedi cyrraedd erbyn iddo ddychwelyd.

Er bod y bwthyn yn fach, roedd gardd helaeth yno, ar derasau serth yn mynd i fyny ochr y bryn. Yno byddai'r ddau yn tyfu amrywiaeth o lysiau a ffrwythau. Roedd Trefor yn arddwr da, yn dilyn ei dad yn hynny o beth. Roedden nhw hefyd yn cadw ieir, a weithiau bydden nhw'n magu hwyaid. Cefais i ac Elidyr afr yr un ar ein pen-blwydd yn saith a naw oed, a chyda diddordeb Trefor mewn hela a physgota, roedden ni bron yn hunan-gynhaliol. Ychydig a wyddai pobl y pentre mai drwy fyw ar gynnyrch yr ardd, y pysgota a'r hela (a weithiau y potsian!), roedd y teulu'n llwyddo i hel digon o arian i fynd i ffwrdd ar wyliau.

Roedd Trefor, fel llawer o lowyr oedd yn gorfod treulio wyth awr y dydd 'dan ddiar', yn mwynhau bod yn yr awyr iach. Roedd rhai o ddeallusion y Blaid ar y pryd yn

Fi gyda Swci'r afr.

mawrygu'r bywyd amaethyddol delfrydol lle roedd pawb yn siarad Cymraeg, yr hyn roedd rhywun â thipyn o synnwyr digrifwch wedi'i alw yn 'three acers and a Welsh speaking cow'. Tybed nad oedd y teulu yn ceisio byw'r bywyd delfrydol yma? Roedd gan Elidyr a fi gi, cwningod, ac ar un adeg, ffured hefyd. Adroddodd Elidyr yn ddagreuol yr hanes am Mot y ci yn lladd y ffured wrth Moses Griffith, un o fawrion Plaid Cymru, mewn Ysgol Haf, a chafodd hanner coron ganddo i brynu ffured newydd!

Y drefn yn y pwll glo oedd gweithio fesul dau, ac roedd cael partner da yn bwysig iawn i ddedwyddwch y gweithwyr a'u gallu i weithio'n effeithiol. Partner Trefor am flynyddoedd oedd Roy, ac roedd y ddau yn ffrindiau pennaf. Y tu allan i'r gwaith bydden nhw'n aml yn mynd i hela gyda'i gilydd, gan ddefnyddio'u gynnau a'u cŵn. Hela cwningod a sguthanod fydden nhw yn bennaf, gyda Trefor yn ymffrostio mai anaml fydden nhw angen prynu cig o'r siop gan fod yr hela a'r pysgota mor llwyddiannus. Roedd gan Roy foto-beic a seidcar, a bydden nhw'n rhoi'r ddau ddryll a Chum, ci Roy, yn y seidcar, a Trefor yn cario Mot gydag e ar gefn y beic. Byddai'r cŵn yn cydweithio yn fendigedig wrth hela, ond yn ymladd yn ofnadwy fel arall, felly doedd dim modd rhoi'r ddau yn y seidcar gyda'i gilydd!

Roedd Trefor hefyd yn gogydd da, ac Eileen ond yn rhy barod iddo gymryd y blaen yn y gegin. Byddai Trefor yn gallu saethu sguthanod, eu plufio, a rhostio llond tun ohonyn nhw gyda darn o oren ym mol bob un a sleisen o gig moch dros y frest. Ar fore dydd Sul, pan fyddai Eileen a ni'r plant yn y capel, deuai Emlyn ei frawd i weld Trefor, gyda'r ddau yn mwynhau rhoi'r byd yn ei le tra oedd Trefor yn paratoi cinio dydd Sul. Os oedd arian yn caniatáu, yn aml byddai potel o win i fynd gyda'r cinio, peth anarferol iawn i gartref glöwr o Gymro yn y pumdegau. Byddai Trefor ac Eileen hefyd yn mwynhau coffi a chaws a bisgedi ar ôl cinio – coffi go iawn, nid coffi powdr, rhywbeth arall oedd yn bradychu efallai nad pentrefwyr cyffredin oedden nhw.

Bydden ni'r plant fel arfer yn mynd gyda'n rhieni i bob digwyddiad, cyfarfod cyhoeddus neu Ysgol Haf y Blaid, ac rydyn ni'n dal i gofio cysgu un bob pen ar yr hen 'camp beds' milwrol fyddai'n cael eu defnyddio yn y pumdegau i greu dorms – un i'r dynion, un i'r merched – yn yr ysgolion fyddai'n lletya Ysgol Haf y Blaid. Roedd yr Ysgolion Haf yn wledd o drafod a chyfnewid syniadau a chreu ffrindiau, yn enwedig i Trefor na chafodd erioed fynd i ffwrdd i goleg.

Roedd hwn hefyd yn gyfnod o ymbalfalu a cheisio canfod dulliau effeithiol o ymgyrchu. Sut oedd ennill y Gymru Rydd? Sut orau oedd gwrthsefyll y rheibio parhaus ar dir ac adnoddau Cymru? Sut oedd deffro'r genedl i'r

Ysgol Haf Plaid Cymru, y tu allan i Gastell Cyfarthfa, Merthyr Tudful, 1958. Mae Eileen yn bedwerydd o'r chwith yn y drydedd rhes o'r blaen, ac Elidyr a fi yn ddegfed ac wythfed o'r dde yn y rhes flaen.

ffordd roedd hi'n cael ei hecsbloetio gan y pŵer mawr dros y ffin? Yn fuan ar ôl iddyn nhw briodi, fe ddaeth y cyfle i gymryd rhan mewn protest a drefnwyd gan Blaid Cymru yn Nhrawsfynydd. Eistedd ar draws y ffordd i rwystro'r traffig a wnaed bryd hynny, ond wnaeth y Blaid ddim parhau gyda defnyddio'r dacteg yma na dulliau anghyfansoddiadol o ymgyrchu, gan benderfynu dilyn llwybr plaid wleidyddol gyfansoddiadol yn y pen draw. Roedd geni Cymdeithas yr Iaith Gymraeg fel mudiad ymgyrchu anghyfansoddiadol ddeg mlynedd i ffwrdd, ac felly fel unigolion y tu allan i unrhyw fudiad ffurfiol y dechreuodd Trefor ac Eileen ar frwydr y dreth.

Un ymgyrch wahanol o ddiwedd y pumdegau ymlaen a gafodd gefnogaeth Trefor ac Eileen oedd ymgyrch y Mudiad Gwrth-Apartheid i foicotio cynnyrch o Dde Affrica. Roedd siop y pentref yn Llangennech yn gangen o'r Co-op, ac fe geisiodd Trefor a rhai pentrefwyr eraill gael y siop i wrthod gwerthu orenau Outspan, oedd yn dod o Dde Affrica. Bu'n ddadl ffyrnig rhyngddo a'i frawd Emlyn, oedd yn dweud mai dewis pob unigolyn oedd prynu cynnyrch De Affrica ai peidio, ond mynnai Trefor fod gwrthod gwerthu y cynnyrch yma ar lefel siop yn fwy effeithiol, ac y dylai aelodau'r Co-op weithredu gyda'i gilydd i greu boicot. Roedd y dadlau hyn yn rhan o awyrgylch y cyfnod wrth chwilio am ddulliau effeithiol o weithredu'n wleidyddol.

Cangen Llangennech o Blaid Cymru oedd canolbwynt llawer o weithgaredd gwleidyddol Trefor ac Eileen yn y pumdegau. Mater o ganfasio a dosbarthu taflenni oedd hi yn aml, mewn cyfnod pan na chafodd y Blaid fawr o lwyddiant etholiadol. Bu Trefor ac Eileen ill dau yn ymgeiswyr i'r Blaid yn lleol ar wahanol adegau, gyda Trefor yn ymgeisydd Plaid Cymru i Gyngor Sir Caerfyrddin a Senedd Llundain yn 1955. Roedd yn ymgeisydd dros Langennech yn y Cyngor Sir, a dros etholaeth Aberdâr, yn yr Etholiad Seneddol. Digon isel oedd pleidlais y Blaid bob tro, er i Trefor gynyddu pleidlais y Blaid yn Aberdâr, yn groes i'r patrwm cyffredin. Aberdâr oedd ardal enedigol ei fam a lle roedd ganddo deulu yn byw o hyd, a thra bu'n ymgyrchu, bu'n aros gyda theulu ei chwaer May. Yn yr etholiad, pwysleisiodd ei gefndir fel glöwr, a'i ddaliadau sosalaidd, mewn cyfnod pan oedd yn digalonni fod gan gefnogwyr y Blaid fwy o ddiddordeb mewn barddoniaeth a diwylliant nag mewn materion economaidd a gwleidyddol.

Dim ond dau weithiwr arall ym Mhwll Glo'r Morlais oedd yn aelodau o Blaid Cymru bryd hynny ar wahân i Trefor: Wyn Evans o'r Hendy, ac Ifor Gwyn o Langennech. Bu cefnogaeth y ddau yn bwysig iddo, ac Ifor Gwyn oedd ei was priodas, a'i wraig Frida yn ffrind agos i Eileen.

Y tu allan i'r gwaith a'r pentref roedd gan Trefor gylch o ffrindiau mwy gwleidyddol. Un ohonyn nhw oedd Wynne Samuel, a fu'n drefnydd y Blaid yn y de am ddegawd o 1940 ymlaen, gan ddod yn Ddirprwy Lywydd Plaid Cymru yn 1962. Hanai yn wreiddiol o Ystalyfera, o gefndir cymdeithas lofaol, Anghydffurfiol, tebyg i Trefor ei hun. Roedd ei syniadau gwleidyddol yn agos iawn at rai Trefor ac Eileen, yn pleidio polisi economaidd cydweithredol i'r Blaid, yn dilyn syniadau D.J. Davies fel hwythau, ac yn fwy awyddus na Gwynfor Evans yn ystod y pumdegau i ddilyn dulliau anufudd-dod sifil. Mae rhai pobl wedi holi ai dilynwyr Saunders Lewis ynteu Gwynfor Evans oedd Trefor ac Eileen. Y gwir oedd, os oedden nhw'n 'ddilynwyr' i unrhyw un, mai syniadau Wynne Samuel oedd agosaf at eu syniadaeth nhw. Mae'n arwyddocaol pan enwebwyd Wynne Samuel i fod yn Ddirprwy Lywydd y Blaid yn 1962, mai un o'r canghennau a'i henwebodd oedd cangen Llangennech, lle roedd Trefor ac Eileen yn aelodau.

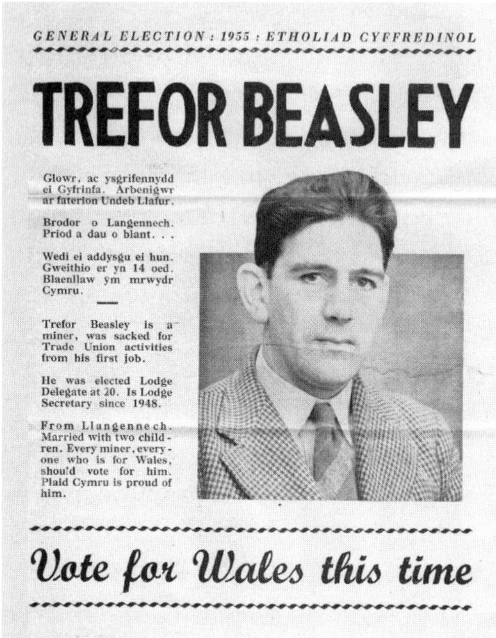

GENERAL ELECTION : 1955 : ETHOLIAD CYFFREDINOL

TREFOR BEASLEY

Glowr, ac ysgrifennydd ei Gyfrinfa. Arbenigwr ar faterion Undeb Llafur.

Brodor o Langennech. Priod a dau o blant. . .

Wedi ei addysgu ei hun. Gweithio er yn 14 oed. Blaenllaw ym mrwydr Cymru.

—

Trefor Beasley is a miner, was sacked for Trade Union activities from his first job.

He was elected Lodge Delegate at 20. Is Lodge Secretary since 1948.

From Llangennech. Married with two children. Every miner, everyone who is for Wales, should vote for him. Plaid Cymru is proud of him.

Vote for Wales this time

Taflen etholiadol Trefor yn Etholiad Cyffredinol 1955.

Trefor a'r plant, Eisteddfod Genedlaethol Aberdâr, 1956.

Cymhwysodd Wynne Samuel fel bargyfreithiwr yn 1956, a bu'n rhoi cyngor cyfreithiol am ddim i Trefor ac Eileen yn eu hachosion llys gan eu cynrychioli yn ddi-dâl hefyd yn y llys. Roedd hyn yn destun balchder mawr i Eileen yn arbennig, ac yn gefnogaeth werthfawr iddi yn y llys.

Dau ffrind agos arall at Trefor oedd y Parchedigion Fred Jones, oedd yn giwrad gyda'r Eglwys yng Nghymru, ac Eirwyn Morgan, oedd yn weinidog gyda'r Bedyddwyr yn Bancffosfelen, sir Gaerfyrddin. Gyda Trefor ei hun yn agnostig, mae'r agosatrwydd yma at giwrad a gweinidog yn annisgwyl efallai. Yn aml wedi'r oedfa ar nos Sul, pan fyddai dyletswyddau'r diwrnod wedi gorffen a chyfle i bawb ymlacio, byddai yna drafod brwd ar wleidyddiaeth a phynciau'r dydd rhyngddyn nhw. Cryfder Fred fyddai llythyru â'r wasg, a byddai e a Trefor yn treulio llawer o amser yn llunio llythyrau ar gyfer y papurau newydd, i'w hanfon yn enw'r naill neu'r llall yn ôl yr angen.

Safodd Eirwyn Morgan bedair gwaith fel ymgeisydd seneddol yn etholaeth Llanelli, yn 1950, 1951, 1955 ac 1959, ac erbyn 1959, Trefor oedd ei asiant. Y gwir oedd fod Trefor yn hapusach yn gwneud y gwaith tawel yn y cefndir nag yn arwain ymgyrch. Teimlai'n rhwystredig oherwydd diffyg trefn weinyddol ambell i ymgyrch etholiadol, ond gallai ddefnyddio'i brofiad fel swyddog undeb i drefnu ymgyrch effeithiol i ymgeiswyr eraill. Mawr oedd gofid Trefor ac Eileen pan symudodd Eirwyn Morgan a'r teulu i'r gogledd i ofal eglwys arall yn Llandudno yn 1956. Ymladdodd Eirwyn etholiad 1959 dros Lanelli felly o bell gan fwyaf, ac mae'n bosib fod hynny wedi dylanwadu ar benderfyniad Trefor i fod yn asiant iddo, gan y byddai angen rhywun lleol i wneud llawer o'r gwaith ymgyrchu. Erbyn Etholiad Cyffredinol 1964, roedd Plaid Cymru wedi cael ymgeisydd arall i ymladd sedd Llanelli drostyn nhw, sef y Parchedig

Ddoctor Pennar Davies, pennaeth Coleg yr Annibynwyr yn Abertawe. Trefor unwaith eto wnaeth weithredu fel yr asiant, gan arwain yr ymgyrch etholiadol. Erbyn hyn fodd bynnag, roedd cysylltiad Trefor ei hun â Llangennech wedi dechrau llacio, gan fod Eileen wedi cychwyn ar ei swydd fel athrawes ym Mhontypridd, sir Forgannwg, lle câi gwragedd priod fod yn athrawon, yn wahanol i sir Gaerfyrddin. Digon anodd oedd hi ar y teulu bach yn y cyfnod hwn yn ceisio cadw at ei gilydd orau medren nhw rhwng dau leoliad.

Doedd gwreiddiau Eileen ddim mor ddwfn yn Llangennech, a wnaeth hi ddim llawer o ffrindiau agos yno y tu allan i gylch y capel. Ei ffrind agosaf yn y pentre oedd Frida Davies, gwraig Ifor Gwyn, a chyda hi y byddai Eileen yn eistedd yng nghapel Bethesda, capel yr Annibynwyr, a hen gapel teulu Trefor, ar y Sul. Roedd Eileen wrth ei bodd yng nghapel Bethesda, yn enwedig o dan weinidogaeth y gweinidog bryd hynny, y Parch. Maurice Loader, ac yr oedd gan Eileen feddwl mawr ohono. Er hynny, roedd hi'n athrawes ysgol Sul mewn capel arall yn Llangennech, Capel Bach yr Allt, achos gwreiddiol y Bedyddwyr yn Llangennech, cyn adeiladu capel Salem lawr ar sgwâr y pentref. Dim ond ysgol Sul oedd yn cael ei chynnal yng Nghapel Bach yr Allt erbyn hynny, ac arferai Eileen fynd o ddrws i ddrws ar yr Allt yn casglu plant, nad oedd eu rhieni yn bobl capel, i ddod i'r ysgol Sul gyda hi.

Y tu allan i'r pentref cadwodd Eileen gysylltiad gyda thair ffrind arall o ddyddiau Caerfyrddin, Stella Treharne, Awen Daniel a Lili Thomas. Roedd y tair yn ferched proffesiynol oedd wedi gorfod dewis rhwng gyrfa a phriodi, a'r tair wedi bod yn weithgar yn rhengoedd Plaid Cymru ar hyd y blynyddoedd. O'r pedair, Eileen oedd yr unig un a briododd, a gorfod rhoi'r gorau i'w swydd yn Ysgol

Ramadeg y Merched, Caerfyrddin, yn sgil hynny, ond bu'r pedair yn ffrindiau agos gydol eu hoes.

O blith y ffrindiau cenedlaetholgar hyn y daeth cefnogaeth fwyaf Trefor ac Eileen yn ystod eu cyfnod yn Llangennech, gyda nifer ohonyn nhw yn blant i lowyr mewn ardal a oedd yn prysur golli'r Gymraeg yn ystod y pumdegau.

Pennod 4

Brwydr y dreth

YN 2003, PAN oedd hi'n 82 oed, recordiodd Eileen gyfweliad gyda'i hŵyr, Cynog Prys, ar gyfer ei draethawd gradd ym Mhrifysgol Bangor. Ynddo, rhoddodd Eileen adroddiad byw o hanes brwydr y dreth o'r dechrau hyd at y fuddugoliaeth. Mae'n dweud yn y cyfweliad i'r cyfan ddechrau y diwrnod y daeth llythyr drwy'r post oddi wrth Gyngor Dosbarth Gwledig Llanelli yn gofyn iddyn nhw roi gwybod pryd oedden nhw'n bwriadu symud i fyw i 2 Yr Allt, Llangennech er mwyn iddyn nhw gael dechrau talu treth ar yr eiddo. Yng ngeiriau Eileen, "Pan welodd Trefor e fe wedodd e 'Ti'n gweld, sdim synnwyr yn hyn, maen nhw i gyd yn gallu siarad Cymraeg a dyma ni yn ca'l llythyron Saesneg.' A wedes i, wel beth ti'n gwneud ombiti fe? Does dim rhaid i ni dalu nes bod nhw'n dod ag un Cymraeg. 'Ti'n meddwl?' medde fe, ac o fan 'na sgrifennon ni lythyr yn gofyn am bopeth yn Gymra'g – papur y dreth, a phob gohebiaeth, dogfenne a phethe fydden nhw yn eu hala i ni, yn Gymra'g."

O'r cychwyn syml a'r ymateb greddfol yna felly y tyfodd y frwydr, heb ymgynghori â neb, heb gynllunio ymgyrch ymlaen llaw, a heb sylweddoli mae'n siŵr y byddai'n

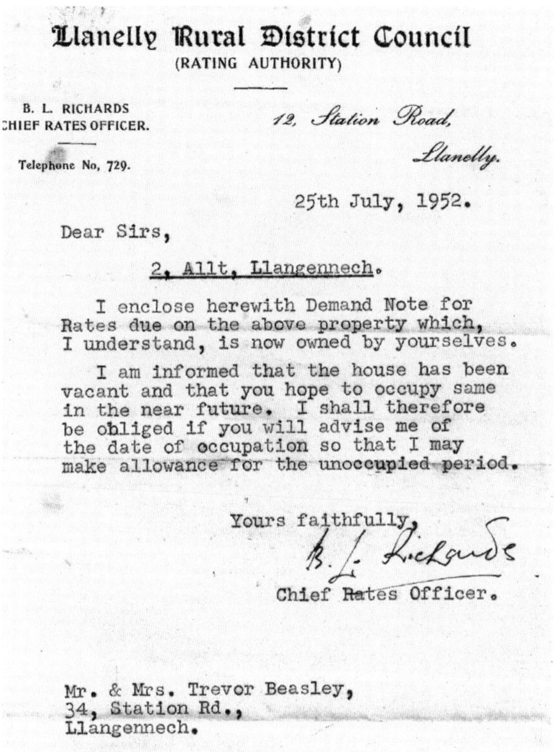

Llanelly Rural District Council
(RATING AUTHORITY)

B. L. RICHARDS
CHIEF RATES OFFICER.

Telephone No, 729.

12, Station Road,
Llanelly.

25th July, 1952.

Dear Sirs,

2, Allt, Llangennech.

I enclose herewith Demand Note for Rates due on the above property which, I understand, is now owned by yourselves.

I am informed that the house has been vacant and that you hope to occupy same in the near future. I shall therefore be obliged if you will advise me of the date of occupation so that I may make allowance for the unoccupied period.

Yours faithfully,
B. L. Richards
Chief Rates Officer.

Mr. & Mrs. Trevor Beasley,
34, Station Rd.,
Llangennech.

Y llythyr Saesneg gwreiddiol wrth y Cyngor roddodd gychwyn i'r holl frwydr.

wyth mlynedd hir cyn i'r frwydr gael ei hennill. Go brin ychwaith, yn ôl geiriau Cynog Dafis yn ei deyrnged i'r ddau wedi marw Eileen "bod na chynghorwyr na swyddogion wedi sylweddoli cymaint o fatl oedd o'u blaenau". Gwrthod cynhyrchu ffurflen dreth Gymraeg wnaeth y Cyngor Dosbarth, gyda Chlerc y Cyngor yn ateb i ddweud y byddai'r costau yn "prohibitive". Mae'n siŵr fod yr ateb hwnnw hefyd yn ateb byrfyfyr heb wneud unrhyw ymchwil i'r gwir gostau. Fel y dywedodd Eileen eto yn ei chyfweliad gyda'i hŵyr: "Ac fel mae'n digwydd, yn y diwedd, ar ôl iddyn nhw gymoni eu papur treth nhw, o'dd papur y dreth yn llai o faint yn ddwyieithog nag o'dd e pan o'dd e yn uniaith Saesneg."

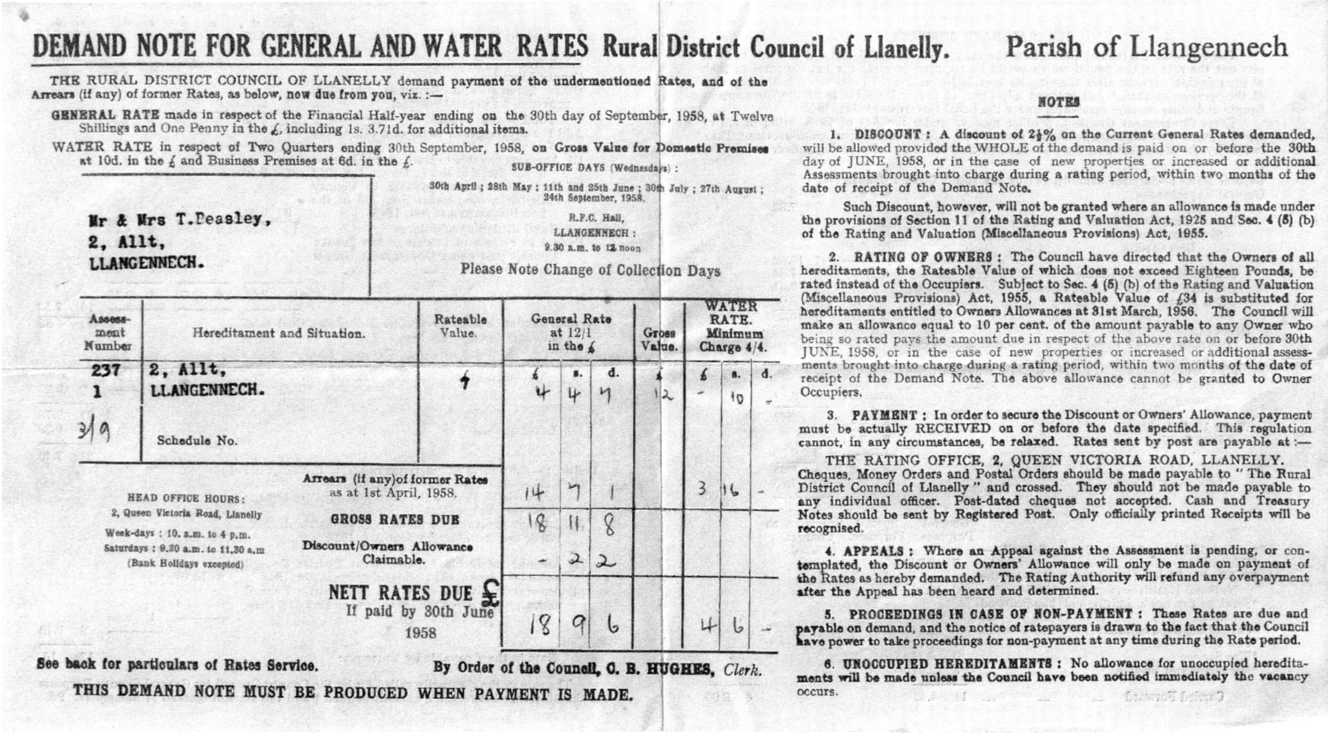

DEMAND NOTE FOR GENERAL AND WATER RATES Rural District Council of Llanelly. Parish of Llangennech

THE RURAL DISTRICT COUNCIL OF LLANELLY demand payment of the undermentioned Rates, and of the **Arrears** (if any) of former Rates, as below, **now due from you**, viz. :—

GENERAL RATE made in respect of the Financial Half-year ending on the 30th day of September, 1958, at Twelve Shillings and One Penny in the £, including 1s. 3.71d. for additional items.

WATER RATE in respect of Two Quarters ending 30th September, 1958, on **Gross Value for Domestic Premises** at 10d. in the £ and Business Premises at 6d. in the £.

SUB-OFFICE DAYS (Wednesdays) :
30th April ; 28th May ; 11th and 25th June ; 30th July ; 27th August ; 24th September, 1958.
R.F.C. Hall,
LLANGENNECH :
9.30 a.m. to 12 noon

Mr & Mrs T.Beasley,
2, Allt,
LLANGENNECH.

Please Note Change of Collection Days

Assessment Number	Hereditament and Situation.	Rateable Value.	General Rate at 12/1 in the £ £	s.	d.	Gross Value. £	WATER RATE. Minimum Charge 4/4. £	s.	d.
237 1	2, Allt, LLANGENNECH.	4	4	4	7	12	-	10	-
3/9	Schedule No.								
	Arrears (if any) of former Rates as at 1st April, 1958.		14	7	1		3	16	-
	GROSS RATES DUE		18	11	8				
	Discount/Owners Allowance Claimable.		-	2	2				
	NETT RATES DUE £ If paid by 30th June 1958		18	9	6		4	6	-

HEAD OFFICE HOURS:
2, Queen Victoria Road, Llanelly
Week-days : 10. a.m. to 4 p.m.
Saturdays : 9.30 a.m. to 11.30 a.m
(Bank Holidays excepted)

See back for particulars of Rates Service. **By Order of the Council, C. B. HUGHES,** *Clerk.*

THIS DEMAND NOTE MUST BE PRODUCED WHEN PAYMENT IS MADE.

NOTES

1. **DISCOUNT : A discount of 2½% on the Current General Rates demanded,** will be allowed provided the WHOLE of the demand is paid on or before the 30th day of JUNE, 1958, or in the case of new properties or increased or additional Assessments brought into charge during a rating period, within two months of the date of receipt of the Demand Note.

Such Discount, however, will not be granted where an allowance is made under the provisions of Section 11 of the Rating and Valuation Act, 1925 and Sec. 4 (5) (b) of the Rating and Valuation (Miscellaneous Provisions) Act, 1955.

2. **RATING OF OWNERS : The Council have directed that the Owners of all hereditaments, the Rateable Value of which does not exceed Eighteen Pounds, be rated instead of the Occupiers. Subject to Sec. 4 (5) (b) of the Rating and Valuation (Miscellaneous Provisions) Act, 1955, a Rateable Value of £34 is substituted for hereditaments entitled to Owners Allowances at 31st March, 1956. The Council will make an allowance equal to 10 per cent. of the amount payable to any Owner who** being so rated pays the amount due in respect of the above rate on or before 30th JUNE, 1958, or in the case of new properties or increased or additional assessments brought into charge during a rating period, within two months of the date of receipt of the Demand Note. The above allowance cannot be granted to Owner Occupiers.

3. **PAYMENT : In order to secure the Discount or Owners' Allowance, payment must be actually RECEIVED on or before the date specified. This regulation cannot, in any circumstances, be relaxed. Rates sent by post are payable at :—**

THE RATING OFFICE, 2, QUEEN VICTORIA ROAD, LLANELLY.

Cheques, Money Orders and Postal Orders should be made payable to " The Rural District Council of Llanelly " and crossed. They should not be made payable to any individual officer. Post-dated cheques not accepted. Cash and Treasury Notes should be sent by Registered Post. Only officially printed Receipts will be recognised.

4. **APPEALS : Where an Appeal against the Assessment is pending, or contemplated, the Discount or Owners' Allowance will only be made on payment of the Rates as hereby demanded. The Rating Authority will refund any overpayment after the Appeal has been heard and determined.**

5. **PROCEEDINGS IN CASE OF NON-PAYMENT : These Rates are due and payable on demand, and the notice of ratepayers is drawn to the fact that the Council have power to take proceedings for non-payment at any time during the Rate period.**

6. **UNOCCUPIED HEREDITAMENTS : No allowance for unoccupied hereditaments will be made unless the Council have been notified immediately the vacancy** occurs.

Papur y dreth gwreiddiol yn Saesneg yn unig.

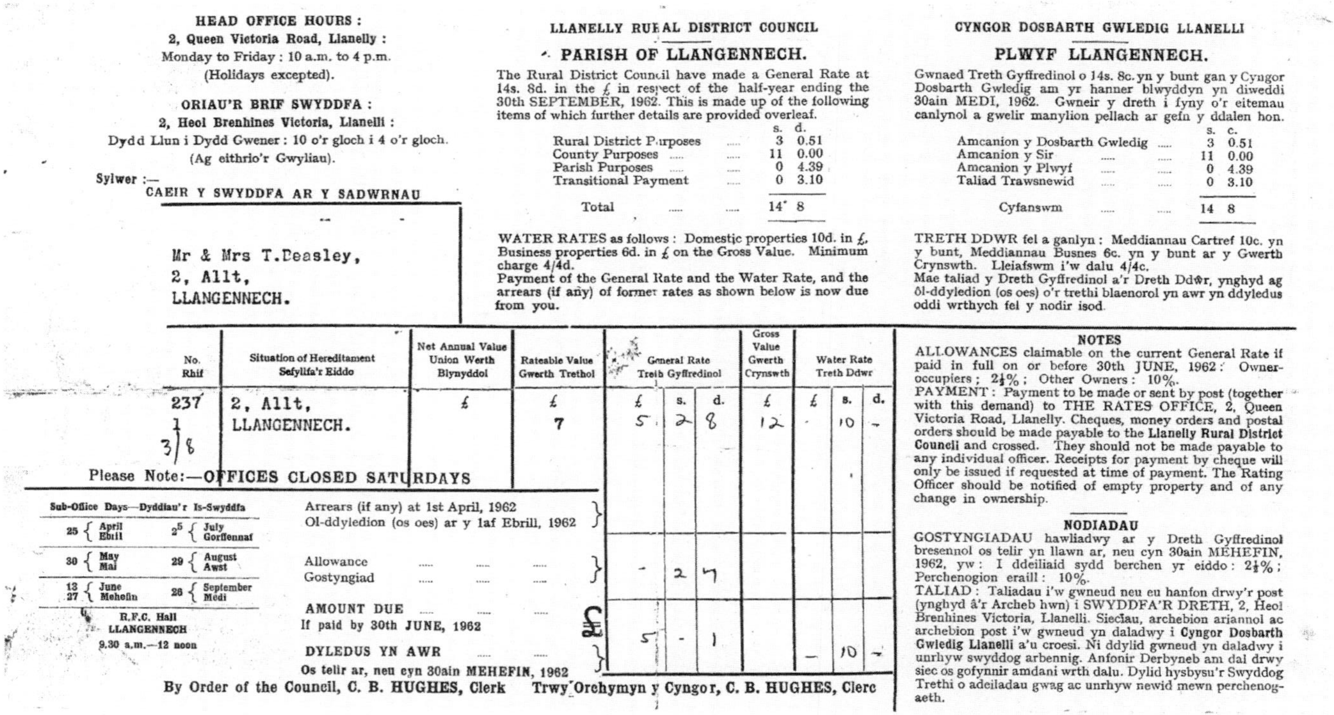

HEAD OFFICE HOURS:
2, Queen Victoria Road, Llanelly:
Monday to Friday: 10 a.m. to 4 p.m.
(Holidays excepted).

ORIAU'R BRIF SWYDDFA:
2, Heol Brenhines Victoria, Llanelli:
Dydd Llun i Dydd Gwener: 10 o'r gloch i 4 o'r gloch.
(Ag eithrio'r Gwyliau).

Sylwer:—
CAEIR Y SWYDDFA AR Y SADWRNAU

Mr & Mrs T.Deasley,
2, Allt,
LLANGENNECH.

LLANELLY RURAL DISTRICT COUNCIL

PARISH OF LLANGENNECH.

The Rural District Council have made a General Rate at 14s. 8d. in the £ in respect of the half-year ending the 30th SEPTEMBER, 1962. This is made up of the following items of which further details are provided overleaf.

	s.	d.
Rural District Purposes	3	0.51
County Purposes	11	0.00
Parish Purposes	0	4.39
Transitional Payment	0	3.10
Total	14	8

WATER RATES as follows: Domestic properties 10d. in £, Business properties 6d. in £ on the Gross Value. Minimum charge 4/4d.
Payment of the General Rate and the Water Rate, and the arrears (if any) of former rates as shown below is now due from you.

CYNGOR DOSBARTH GWLEDIG LLANELLI

PLWYF LLANGENNECH.

Gwnaed Treth Gyffredinol o 14s. 8c. yn y bunt gan y Cyngor Dosbarth Gwledig am yr hanner blwyddyn yn diweddi 30ain MEDI, 1962. Gwneir y dreth i fyny o'r eitemau canlynol a gwelir manylion pellach ar gefn y ddalen hon.

	s.	c.
Amcanion y Dosbarth Gwledig	3	0.51
Amcanion y Sir	11	0.00
Amcanion y Plwyf	0	4.39
Taliad Trawsnewid	0	3.10
Cyfanswm	14	8

TRETH DDWR fel a ganlyn: Meddiannau Cartref 10c. yn y bunt, Meddiannau Busnes 6c. yn y bunt ar y Gwerth Crynswth. Lleiafswm i'w dalu 4/4c.
Mae taliad y Dreth Gyffredinol a'r Dreth Ddŵr, ynghyd ag ôl-ddyledion (os oes) o'r trethi blaenorol yn awr yn ddyledus oddi wrthych fel y nodir isod.

No. Rhif	Situation of Hereditament Sefyllfa'r Eiddo	Net Annual Value Union Werth Blynyddol	Rateable Value Gwerth Trethol	General Rate Treth Gyffredinol £	s.	d.	Gross Value Gwerth Crynswth	Water Rate Treth Ddwr £	s.	d.
237 1 3/8	2, Allt, LLANGENNECH.	£	£ 7	5	2	8	£ 12	-	10	-
Arrears (if any) at 1st April, 1962 / Ol-ddyledion (os oes) ar y 1af Ebrill, 1962										
Allowance / Gostyngiad				-	2	7				
AMOUNT DUE If paid by 30th JUNE, 1962 / DYLEDUS YN AWR Os telir ar, neu cyn 30ain MEHEFIN, 1962				5	-	1		—	10	-

Please Note:—OFFICES CLOSED SATURDAYS

Sub-Office Days—Dyddiau'r Is-Swyddfa

25 April / Ebrill	25 July / Gorffennaf
30 May / Mai	29 August / Awst
13, 27 June / Mehefin	26 September / Medi

R.F.C. Hall
LLANGENNECH
9.30 a.m.—12 noon

By Order of the Council, C. B. HUGHES, Clerk   Trwy Orchymyn y Cyngor, C. B. HUGHES, Clerc

NOTES

ALLOWANCES claimable on the current General Rate if paid in full on or before 30th JUNE, 1962: Owner-occupiers; 2½%; Other Owners: 10%.
PAYMENT: Payment to be made or sent by post (together with this demand) to THE RATES OFFICE, 2, Queen Victoria Road, Llanelly. Cheques, money orders and postal orders should be made payable to the **Llanelly Rural District Council** and crossed. They should not be made payable to any individual officer. Receipts for payment by cheque will only be issued if requested at time of payment. The Rating Officer should be notified of empty property and of any change in ownership.

NODIADAU

GOSTYNGIADAU hawliadwy ar y Dreth Gyffredinol bresennol os telir yn llawn ar, neu cyn 30ain MEHEFIN, 1962, yw: I ddeiliaid sydd berchen yr eiddo: 2½%; Perchenogion eraill: 10%.
TALIAD: Taliadau i'w gwneud neu eu hanfon drwy'r post (ynghyd â'r Archeb hwn) i SWYDDFA'R DRETH, 2, Heol Brenhines Victoria, Llanelli. Sieciau, archebion ariannol ac archebion post i'w gwneud yn daladwy i **Cyngor Dosbarth Gwledig Llanelli** a'u croesi. Ni ddylid gwneud yn daladwy i unrhyw swyddog arbennig. Anfonir Derbyneb am dal drwy siec os gofynnir amdani wrth dalu. Dylid hysbysu'r Swyddog Trethi o adeiladau gwag ac unrhyw newid mewn perchenogaeth.

Papur y dreth dwyieithog ar ôl ennill y frwydr.

Mae llythyr wedi'i gadw atyn nhw oddi wrth Gwynfor Evans, Llywydd Plaid Cymru ar y pryd, wedi'i ddyddio 12 Medi 1955, yn ceisio ateb y cwestiwn o faint yn union yn ychwanegol fyddai ffurflen ddwyieithog yn costio, yn amlwg mewn ymateb i lythyr ar y pwnc hwn anfonwyd ato gan Trefor ac Eileen. Meddai yn ei ateb: "Bum yn holi am bris ychwanegol defnyddio Cymraeg ar y Ffurflen Cais ... Cefais mai £2 fyddai'r gost ychwanegol." Mae'n manylu ar hyn gan ddangos yr ôl ymchwil manwl a wnaeth ar eu rhan:

"Yr ydym wedi gwneud ymholiadau gydag argraffwyr profiadol, rhai sy'n argraffu Cais y Dreth ar gyfer amryw gynghorau lleol tebyg i'r Cyngor hwn. Y mae'r hyn a ddywedant hwy yn ateb terfynol i'r ddadl ynghylch y gost ychwanegol, ac yn dangos i'r wlad mai esgus gwag ac nid rheswm yw dadl y gost. Gofynasom beth fyddai'r gost ychwanegol o roddi'r cais am y dreth yn Gymraeg yn ogystal ag yn Saesneg, yn y dull a ddefnyddir mewn amryw wledydd dwyieithog. Hyn oedd eu hateb: I argraffu digon o'r Ffurflen Cais, ar gyfer unrhyw Gyngor yng Nghymru, gan roddi'r Gymraeg yn ogystal â'r Saesneg ni chostiai ddim mwy na £2 bob hanner blwyddyn, neu bob tro y bydd argraffu'r Ffurflen Cais."

Y mae'n ychwanegu wedyn: "Y mae'r swm hwn mor isel fel y bo'n chwerthinllyd i unrhyw Gyngor wrthod defnyddio Cymraeg ar y Ffurflen Cais oherwydd y gost. A hyderaf na bydd i unrhyw Gyngor werthu iaith genedlaethol Cymru er dwybunt byth mwy."

Os mai ymateb greddfol, byrfyfyr i anghyfiawnder oedd dechrau'r frwydr, fe ddatblygodd yn fuan i fod yn ymgyrch ofalus wedi'i threfnu'n fanwl. Yn gyntaf, roedd y llythyru cyson â'r Cyngor, y ceisiadau am bapur treth a gohebiaeth Gymraeg yn cael eu hateb yn negyddol gan swyddogion y

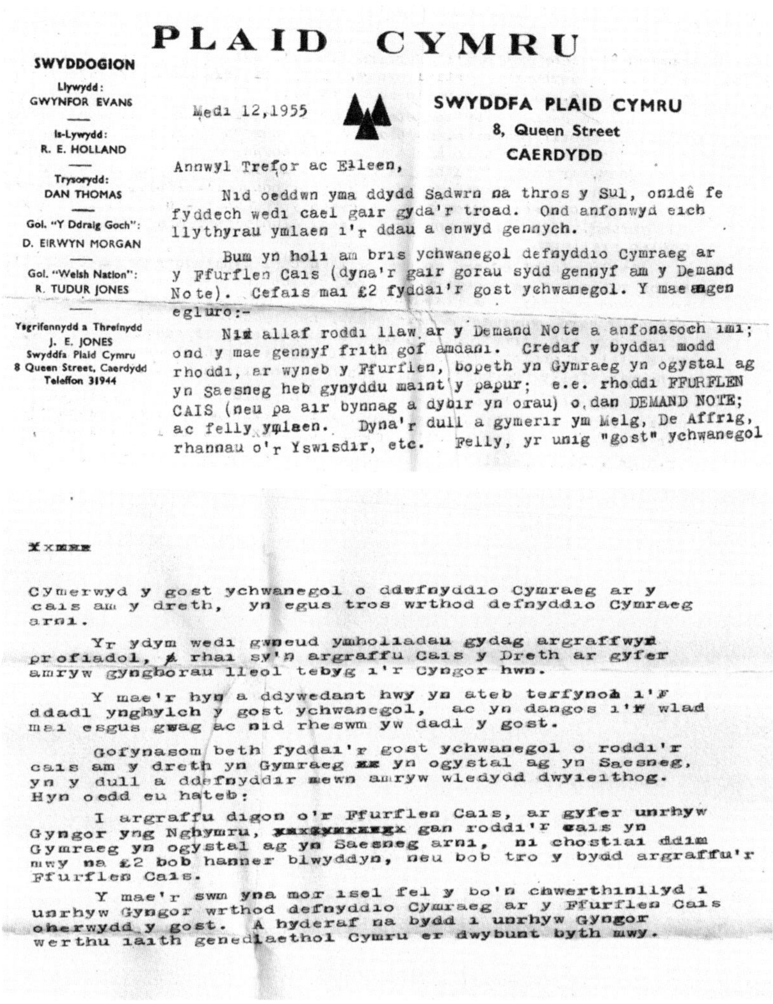

PLAID CYMRU

SWYDDOGION
Llywydd: GWYNFOR EVANS
Is-Lywydd: R. E. HOLLAND
Trysorydd: DAN THOMAS
Gol. "Y Ddraig Goch": D. EIRWYN MORGAN
Gol. "Welsh Nation": R. TUDUR JONES
Ysgrifennydd a Threfnydd J. E. JONES Swyddfa Plaid Cymru 8 Queen Street, Caerdydd Teleffon 31944

SWYDDFA PLAID CYMRU
8, Queen Street
CAERDYDD

Medi 12,1955

Annwyl Trefor ac Eileen,

Nid oeddwn yma ddydd Sadwrn na thros y Sul, onidê fe fyddech wedi cael gair gyda'r troad. Ond anfonwyd eich llythyrau ymlaen i'r ddau a enwyd gennych.

Bum yn holi am bris ychwanegol defnyddio Cymraeg ar y Ffurflen Cais (dyna'r gair gorau sydd gennyf am y Demand Note). Cefais mai £2 fyddai'r gost ychwanegol. Y mae angen egluro:-

Nid allaf roddi llaw ar y Demand Note a anfonasoch imi; ond y mae gennyf frith gof amdani. Credaf y byddai modd rhoddi, ar wyneb y Ffurflen, bopeth yn Gymraeg yn ogystal ag yn Saesneg heb gynyddu maint y papur; e.e. rhoddi FFURFLEN CAIS (neu pa air bynnag a dybir yn orau) o dan DEMAND NOTE; ac felly ymlaen. Dyna'r dull a gymerir ym Melg, De Affrig, rhannau o'r Yswisdir, etc. Felly, yr unig "gost" ychwanegol

xxmmm

Cymerwyd y gost ychwanegol o ddefnyddio Cymraeg ar y cais am y dreth, yn esgus tros wrthod defnyddio Cymraeg arni.

Yr ydym wedi gwneud ymholiadau gydag argraffwyr profiadol, rhai sy'n argraffu Cais y Dreth ar gyfer amryw gynghorau lleol tebyg i'r Cyngor hwn.

Y mae'r hyn a ddywedant hwy yn ateb terfynol i'r ddadl ynghylch y gost ychwanegol, ac yn dangos i'r wlad mai esgus gwag ac nid rheswm yw dadl y gost.

Gofynasom beth fyddai'r gost ychwanegol o roddi'r cais am y dreth yn Gymraeg yn ogystal ag yn Saesneg, yn y dull a ddefnyddir mewn amryw wledydd dwyieithog. Hyn oedd eu hateb:

I argraffu digon o'r Ffurflen Cais, ar gyfer unrhyw Gyngor yng Nghymru, gan roddi'r cais yn Gymraeg yn ogystal ag yn Saesneg arni, ni chostiai ddim mwy na £2 bob hanner blwyddyn, neu bob tro y bydd argraffu'r Ffurflen Cais.

Y mae'r swm yna mor isel fel y bo'n chwerthinllyd i unrhyw Gyngor wrthod defnyddio Cymraeg ar y Ffurflen Cais oherwydd y gost. A hyderaf na bydd i unrhyw Gyngor werthu iaith genedlaethol Cymru er dwybunt byth mwy.

Llythyr Gwynfor Evans at Trefor ac Eileen, Medi 12, 1955.

Cyngor, a'r mater wedyn yn mynd yn fater o drafodaeth gan y Cynghorwyr ar lawr y Cyngor. Wedi hynny fe ddeuai'r achosion llys am fethu talu'r dreth, a'r dirwyon. O fethu talu'r dirwyon, yna byddai'r beiliaid yn cael eu galw i mewn ac yn dechrau mynd ag eiddo'r teulu, i fod yn gyfwerth â'r bil oedd heb ei dalu, ond mewn gwirionedd yn llawer uwch na hynny. Byddai'r dreth yn cael ei hawlio bob chwe mis, a datblygodd yr hawlio treth, y gwrthod talu, yr achosion llys a'r atafaelu eiddo yn gylch dwywaith y flwyddyn hyd nes i'r frwydr gael ei hennill. Cadwyd llythyr sy'n rhan o'r ohebiaeth gyda'r Cyngor, oddi wrth B.L. Richards, Prif Swyddog Trethi'r Cyngor, oedd hefyd yn Gymro Cymraeg, wedi'i ddyddio Gorffennaf 13, 1953. Erbyn hyn roedd blwyddyn wedi mynd heibio ers i Trefor ac Eileen ofyn am ffurflen dreth yn Gymraeg, ond yn awr yr oedd y Cyngor yn bygwth mynd â'r mater i'r llys: "I have been instructed by Council to issue summons for all rates unpaid by the 31st July." Yr hyn sy'n drist yw'r frawddeg nesaf: "I should be loath to take such action in your case, but you will appreciate I must carry out their instructions." Dyma esgus sydd wedi'i ddefnyddio laweroedd o weithiau ar draws hanes i gyfiawnhau gwneud pethau erchyll ac anghyfiawn.

Nododd Eileen iddi fod yn y llys 16 o weithiau ynghylch achos y dreth, yn cynnwys 4 gohiriad. Doedd y gohiriadau ddim yn hawdd ychwaith. Heb gar na ffôn, roedd yn golygu teithio ar y bws bob tro, a gwneud trefniadau ar gyfer gwarchod y plant, a pharatoi araith a datganiadau i'r wasg ar gyfer y llys. Siom bob tro oedd gorfod mynd adre heb fod wedi cael cyfle i roi ei hachos gerbron. Fe aed â dodrefn o'r tŷ o leiaf bedair gwaith ar orchymyn y llys i dalu ôl-ddyled y dreth cyngor. Rhag bod cyhuddwyr yn awgrymu mai rhy dlawd oedden nhw i dalu mewn gwirionedd, rhoddodd Trefor ac Eileen yr arian cyfatebol mewn cyfrif wrth gefn ar gyfer yr amser y bydden nhw'n ennill ffurflen dreth ddwyieithog, er mwyn gallu talu eu dyled yn llawn bryd hynny.

Y drefn bob tro gydag atafaelu eiddo oedd bod yn rhaid

i'r bwmbeiliaid alw yn y tŷ ddwywaith, un waith er mwyn rhoi rhagrybudd, ac unwaith eto ymhen pum diwrnod er mwyn mynd â'r eiddo ei hun. Fel y soniwyd eisoes, bwthyn bach oedd Allt Siaffre, 2 Yr Allt, Llangennech, gyda dwy ystafell wely, cegin fyw, pantri a pharlwr bach. Yn y gegin, roedd yno fwrdd a chadeiriau o'i amgylch, a chwpwrdd tal gyda drysau gwydr yn ei hanner uchaf. Y cwpwrdd oedd yr unig beth roedd Trefor wedi'i etifeddu ar ôl ei dad, ac roedd yn falch iawn ohono.

Llawr teils coch a glas oedd i'r gegin, ac yn y parlwr bach roedd piano, soffa a chadair esmwyth, desg 'roll top' a chadair swyddfa, bwrdd bach, a drych uwchben y lle tân. Roedd rheolau penodol ynghylch beth yr oedd gan y bwmbeiliaid yr hawl i fynd â nhw, a beth nad oedd hawl ganddyn nhw i'w cymryd. Doedd dim hawl gan y bwmbeiliaid i fynd â bwyd, teganau plant, offer coginio, gwelyau, na dillad gwely. Roedd yn rhaid iddyn nhw hefyd adael o leiaf un bwrdd a chadair yr un i bawb oedd yn byw yn y tŷ. Heddiw, mae'r rhestr waharddedig hefyd yn cynnwys rhewgell, soffas a rhai pethau eraill, naill ai er mwyn sicrhau fod gan deulu yr hanfodion o hyd i fyw a choginio, neu oherwydd mesurau diogelwch rhag tân a pheryglon eraill. Roedd Eileen wedi esbonio'n fanwl i ni beth fyddai'n digwydd, a pham. Roedden ni'n gwybod hefyd fod ein teganau ni, y dillad a'r gwelyau yn ddiogel, ac na fyddai perygl i'r bwmbeiliaid fynd â'r rheiny. Wnaeth neb erioed gyfeirio at y peth yn ein clyw yn yr ysgol nac yn y pentre, ac roedden ni'r plant yn falch iawn o safiad ein rhieni.

Yn ei chyfweliad gyda'i hŵyr Cynog, roedd Eileen yn meddwl mai tua 3 achlysur gafwyd o'r beiliaid yn mynd â dodrefn i ffwrdd, ond mae'r cyfrif yn dangos o leiaf 4 achlysur. Os oedd hi'n cofio'n gywir, yr oedd hi "yn ei gofal" h.y. yn fy nisgwyl i, ei hail blentyn, pan ddaethon nhw y tro cyntaf. Byddai hynny felly wedi bod tua dechrau 1954. Fe aethon nhw â'r piano, nad oedd yn ôl Eileen, yn offeryn arbennig o dda ac yn un a oedd wedi'i brynu'n rhad yn ail law. Er mawr rwystredigaeth i Trefor ac Eileen, fe brynodd ffrindiau y piano nôl iddyn nhw. Roedd hi'n amlwg fod tipyn o waith dysgu cefnogwyr mai holl ddiben y gwrthod talu oedd codi ymwybyddiaeth Cymru ynghylch yr anghyfiawnder o wrthod gweinyddu a chynhyrchu ffurflenni yn Gymraeg yng Nghymru, a bod y cyhoeddusrwydd o orfod mynd i'r llys ac o golli eu heiddo yn rhan greiddiol o'r ymgyrch! Ymhen amser, fe aeth y bwmbeiliaid â'r piano i ffwrdd yr ail waith, ac yn dilyn hynny ar o leiaf ddau achlysur, bron y cyfan o'u dodrefn. Mae dwy ffurflen 'Notice of Distress' a gyflwynwyd i'r Beasleys mewn perthynas ag eiddo a atafaelwyd gan y Cyngor, wedi'u cadw yn y Llyfrgell Genedlaethol, y naill wedi'i ddyddio Mawrth 1956, a'r llall Ionawr 1958. Mae un wedi'i ddyddio Gorffennaf 1954 ym meddiant y teulu o hyd.

Adroddodd Eileen gydag afiaith iddyn nhw fethu â mynd â chwpwrdd tal tad Trefor i ffwrdd: "Roedd y cwpwrdd wedi'i wedjo rhwng dau drawst, a methon nhw â'i symud e. Yn hapus i ni on'd ife, achos mae wedi cael ei farnisho erbyn hyn, ac ar ei newydd wedd."

Roedd y Rayburn yn rhan o adeiladwaith y tŷ, ac felly doedd dim cwestiwn o fynd â hwnnw. Roedd ganddyn nhw o hyd felly ffordd o gynhesu'r tŷ a choginio. Am y gweddill, doedd fawr ddim gan y teulu beth bynnag, doedd ganddyn nhw ddim rhewgell, radio na theledu, dim car nac unrhyw beth o werth mawr. Ail law oedd y rhan fwyaf o'r dodrefn, er bod y soffa yn anrheg gan Dai, brawd Trefor a'i wraig. Yr unig garped yn y tŷ oedd yr un yn gorchuddio'r rhan

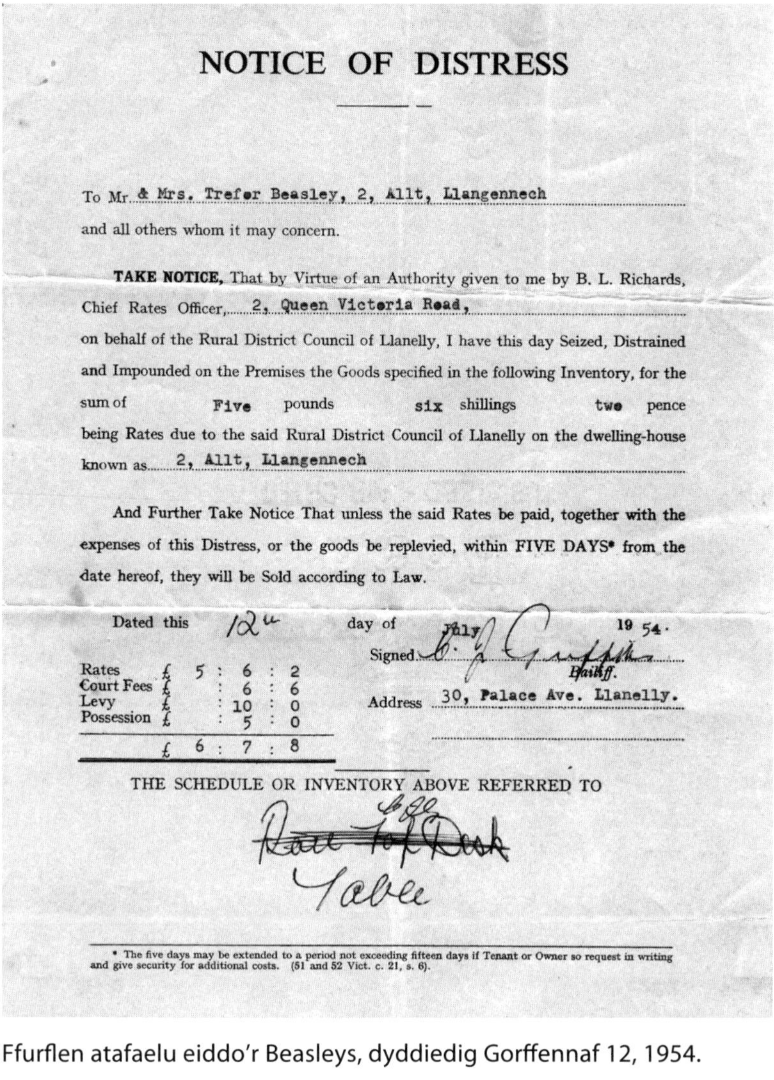

NOTICE OF DISTRESS

To Mr. & Mrs. Trefor Beasley, 2, Allt, Llangennech

and all others whom it may concern.

TAKE NOTICE, That by Virtue of an Authority given to me by B. L. Richards, Chief Rates Officer, 2, Queen Victoria Road, on behalf of the Rural District Council of Llanelly, I have this day Seized, Distrained and Impounded on the Premises the Goods specified in the following Inventory, for the sum of Five pounds six shillings two pence being Rates due to the said Rural District Council of Llanelly on the dwelling-house known as 2, Allt, Llangennech

And Further Take Notice That unless the said Rates be paid, together with the expenses of this Distress, or the goods be replevied, within FIVE DAYS* from the date hereof, they will be Sold according to Law.

Dated this 12th day of July 1954.

Signed [signature] Bailiff.

Address 30, Palace Ave. Llanelly.

	£	s.	d.
Rates	5	6	2
Court Fees		6	6
Levy		10	0
Possession		5	0
	6	7	8

THE SCHEDULE OR INVENTORY ABOVE REFERRED TO

~~Roll Top Desk~~

Table

* The five days may be extended to a period not exceeding fifteen days if Tenant or Owner so request in writing and give security for additional costs. (51 and 52 Vict. c. 21, s. 6).

Ffurflen atafaelu eiddo'r Beasleys, dyddiedig Gorffennaf 12, 1954.

fwyaf o lawr y parlwr bach.

Erbyn y diwedd, roedd y bwmbeiliaid wedi mynd â dodrefn y parlwr bach i gyd i ffwrdd, gan adael yr ystafell yn wag. Doedd Trefor ac Eileen ddim yn faterol, ond roedd hi'n dal yn anodd colli pethau fel anrhegion priodas, a soniai Eileen yn hiraethus weithiau am y drych uwchben y lle tân a gymerwyd – anrheg priodas gan Gwyneth, chwaer Trefor. Roedd Eileen yn gwingo hefyd fod y bwmbeiliaid wedi gofyn iddi a oedd ganddi ddarn o raff y gallen nhw fenthyg er mwyn clymu carped y parlwr yn dynn ar ôl ei rolio i fyny. "Cheek" meddai Eileen!

Mae modd dyddio un ymweliad gan y bwmbeiliaid bryd hynny i ddiwedd haf 1959. Roedd Eileen a ninnau'r plant wedi bod ar ein gwyliau i Lydaw, gan adael Trefor adre ar ei ben ei hun. Dim ond pythefnos o wyliau oedd gan y glowyr, ond roedd Eileen eisiau treulio'r cyfan o'r gwyliau ysgol yn Llydaw. Roedd Trefor yn brysur beth bynnag, yn mynd i'r Eisteddfod Genedlaethol, peintio'r tŷ a gwneud jam mwyar duon. Am ryw reswm, roedd y potiau jam wedi cael eu storio yn y ddesg 'roll top' yn y parlwr bach. Yng ngeiriau Eileen, "Yr unig beth o'dd gyda ni ar ôl wedi i'r bwmbeiliaid fod oedd y jam mwyar roedd Trefor wedi gwneud tra oedd fi a'r plant yn Llydaw... A gadawon nhw rheiny yn un rhes yn y parlwr, a 'na'r unig beth o'dd ar ôl. Fe glirion nhw'r parlwr – dim bod e'n barlwr mawr, ond eto..."

Doedden ni'r plant ddim yn malio llawer am golli dodrefn y parlwr. Y teimlad mwyaf oedd gen i a dweud y gwir oedd embaras o weld y llwch a'r gwe pry cop yn y corneli lle'r arferai dodrefn fod. Pam na allai Mam fod wedi glanhau'r ystafell yn drylwyr cyn i'r dodrefn gael eu cymryd! Mae'n bosib mai hwn oedd ymweliad olaf y bwmbeiliaid, oherwydd erbyn hyn roedd y farn gyhoeddus yn cychwyn troi o'u plaid. Soniodd Eileen fod deiseb o gefnogaeth wedi'i gwneud yn Llangennech gan rhyw löwr (doedd hi ddim yn cofio'i enw). Sonia Geraint Jones hefyd yn ei gyfrol *Brwydr yr Iaith 1962-67* fod nifer dda o athrawon a darlithwyr Prifysgol Bangor, ynghyd â 120 o fyfyrwyr, wedi

Y cwpwrdd fel y mae heddiw wedi i Elidyr dynnu'r hen farnais tywyll a'i ailfarneisio.

gyrru deiseb ar ffurf llythyr hir at Gyngor Gwledig Llanelli i'w cefnogi ym mis Mawrth 1960: "Yr ydym yn apelio atoch chwi, Gyngor Gwledig Llanelli, i ail-ystyried eich agwedd ar fater na ddylai fod dadl yn ei gylch."

Doedd dim templed parod o ymgyrchu dros yr iaith i gael bryd hynny, o ran ceisio esbonio'r rhesymau dros y gofyn na'r dulliau o brotestio. Fe ddatblygodd Trefor ac Eileen y rheiny wrth i'r frwydr fynd yn ei blaen. Yn ychwanegol at y ddeialog barhaus gyda'r Cyngor a'r llysoedd, fe ddechreuon nhw yn gynnar iawn ledu'r ymgyrch i geisio cael cyhoeddusrwydd yn y wasg a'r cyfryngau, a chefnogaeth ehangach gan gynnwys, yn annisgwyl efallai, gefnogaeth ryngwladol o'r tu allan i Gymru.

Gan nad oedd merched priod yn cael bod yn athrawesau yn sir Gaerfyrddin bryd hynny, gwraig tŷ amser llawn oedd Eileen, ond roedd Trefor yn ymwybodol iawn o'r aberth roedd hi wedi gwneud yn rhoi'r gorau i'w gyrfa. Roedd Eileen yn hapusach yn paratoi gwersi ysgol Sul ar gyfer ei dosbarth, neu yn ysgrifennu areithiau ar gyfer gwahanol ymgyrchoedd neu ei hymddangosiad llys nesaf nag yn golchi a glanhau. Efallai ei bod hi'n gywirach dweud ei bod hi'n fwy o ymgyrchydd amser llawn nag o wraig tŷ. Hi fyddai'n gorfod mynychu'r achosion llys, gan na châi Trefor ei ryddhau o'i waith yn y pwll glo. Hi hefyd fyddai'n ysgrifennu'r llythyrau, er bod y ddau yn aml yn drafftio'u cynnwys gyda'i gilydd. Roedd Trefor wedi gorfod gadael yr ysgol yn 14 oed, a heb gael fawr o addysg Gymraeg yno, ond roedd gan Eileen ar y llaw arall, radd yn y Gymraeg. Eileen felly fyddai'n gofalu am gywirdeb yr iaith a'r mynegiant. Ond Trefor oedd yr un oedd yn cynllunio'r ymgyrch ehangach, gyda'i brofiad fel undebwr llafur yn ei alluogi i ddeall defnyddio'r wasg a'r cyfryngau eraill i ledaenu eu hachos.

Byddai'r ddau yn llythyru'n gyson yn y papurau lleol fel y *Llanelly Star*, ac yn ceisio cael sylw'r wasg a'r cyfryngau. Un dacteg roedden nhw'n ei defnyddio oedd paratoi adroddiadau ymlaen llaw i'r wasg, yn Gymraeg ac yn Saesneg, yn barod i ohebwyr eu defnyddio heb orfod newid llawer arnyn nhw. Fel yr adroddodd Eileen yn ei chyfweliad gyda Cynog ei hŵyr: "Yr un peth oedden ni'n gwneud pan oedden ni'n mynd i'r llys o hyd, roedden ni'n sgrifennu adroddiad cyn mynd mewn, wedyn ar ôl i fi ddweud y pethe oedden ni wedi sgrifennu amdanyn nhw a'n dadleuon ni dros wneud y pethe, bryd hynny oedden ni'n cwrdd â'r gohebydd ac oedden nhw yn bobl ifenc ac wrth eu bodd fod adroddiad yn mynd oddi wrtha i a oeddwn nhw'n defnyddio fe, roedd hwnna'n un cywir wedyn."

Digwyddiad nodedig oedd i Trefor ac Eileen gael gwahoddiad i ymddangos yn fyw ar y teledu yn Saesneg gyda Cliff Michelmore yn 1957 neu 1958, i gael eu cyfweld ynghylch eu safiad yn mynnu cael ffurflenni treth cyngor yn Gymraeg. Roedd hyn yn gyfle i fynd â'u hachos gerbron cynulleidfa ehangach, ac roedd yn dân ar groen Cynghorwyr Llanelli, oedd yn dechrau teimlo fod y Beasleys yn gwneud ffyliaid ohonyn nhw. Prynodd Eileen ffrog newydd las ar gyfer y cyfweliad, a hefyd lipstic – doedd Eileen byth yn gwisgo colur fel arfer. Mae hi i'w gweld yn ei ffrog las a'i lipstic yn nifer o'i lluniau etholiadol wedyn o'r cyfnod.

Greddf Eileen oedd ein cadw ni'r plant yn ddigon pell oddi wrth firi'r cyfweliadau a'r cynnwrf, er ei bod yn esbonio popeth yn fanwl i ni. Ond roedd Trefor yn deall gwerth lluniau ohonom ni'r plant i'r ymgyrch, a hynny ers ei ymgyrch etholiadol ei hun yn 1955, pan dynnwyd llun stiwdio o'r teulu bach, yn null gwleidyddion pob plaid, i geisio cyfleu delwedd o'r dyn teulu perffaith, gyda'i blant o'i gwmpas.

Roedd rhaid ymolch, brwsio gwallt a gwisgo dillad gorau cyn i ni gael ein lluniau wedi'u tynnu. Un llun sy'n aros yn fy nghof yw hwnnw ohonof i yn fy ngŵn nos gyda Mam yn darllen stori i mi. Ond doedd hi ddim yn amser gwely go iawn, a doedd Mam ddim yn darllen stori i mi – ffug yw'r cyfan. Doeddwn i ddim yn hapus o gwbl o gael fy llun wedi'i dynnu yn fy ngŵn nos – oedd bron cynddrwg i mi â chael fy llun wedi'i dynnu yn fy nillad isaf! Embaras oedd yn peri i fi gydio mor dynn rownd gwddf Mam yn y llun.

Ond un tro daeth ffotograffydd i'r tŷ a'n gweld ni allan yn yr ardd yn ein dillad chwarae. Gofynnodd am gael tynnu ein llun, ac roedden ni'n ddigon hapus iddo wneud, ac yn ddigon cyfarwydd â hynny erbyn hyn. Ond roedd Eileen yn ddig iawn, am resymau diogelwch plant, yn hytrach nag unrhyw awydd i reoli'r naratif. Roedd hi'n flaengar yn ei dydd yn sylweddoli bod modd camddefnyddio delweddau o blant heb ofyn caniatâd priodol. Fe roddodd hi bryd o dafod go iawn i'r ffotograffydd druan, ac i ninnau'r plant. Rhoddodd y ffotograffydd y lluniau tramgwyddus i Eileen, ac o edrych arnyn nhw erbyn hyn, y gwir yw eu bod nhw'n llawer hyfrytach na'r lluniau ffurfiol, prennaidd. O hynny allan byddai Eileen yn cadw golwg fanwl iawn ar y lluniau fyddai'n cael eu tynnu ohonon ni.

Roedd Trefor ac Eileen ill dau wedi ymladd sawl etholiad gwahanol yn enw Plaid Cymru. Wrth i amser fynd yn ei flaen roedd Trefor yn fwyfwy awyddus i Eileen gymryd y blaen fel ymgeisydd. Roedd yn ymwybodol ei bod hi'n dalentog iawn a heb lawer o gyfleoedd efallai i ddefnyddio'i doniau y tu allan i'r cartref. Roedd hefyd yn meddwl efallai y byddai hi, fel aelod capel ac athrawes ysgol Sul, yn fwy cymeradwy nag e. Dim ond un pwnc o blith nifer oedd y Gymraeg yn yr etholiadau hyn. Yn aml roedd y pwyslais ar yr economi a diffyg llais Cymru mewn

Llun o'r teulu dynnwyd ar gyfer ymgyrch etholiadol Trefor, 1955.

Eileen yn esgus darllen stori i fi er mwyn y llun.

Llun na chafodd ei awdurdodi a dynnwyd gan ffotograffydd y wasg.

materion yn ymwneud â'i dyfodol ei hun. Fe ymgeisiodd Eileen am sedd ar Gyngor Sir Caerfyrddin yn Ebrill 1958, a'r slogan ar flaen ei thaflen etholiadol oedd "Cyfiawnder, Cyfrifoldeb, Cydweithrediad", a doedd mater yr iaith ddim mor amlwg, er bod modd dadlau ei fod yn gynwysedig dan y pennawd 'Cyfiawnder'. Cafodd Eileen 147 pleidlais yn yr etholiad, gyda Llafur yn fuddugol gyda 859 pleidlais.

Daeth etholiad Cyngor Dosbarth Gwledig Llanelli gwta fis yn ddiweddarach. Y tro hwn roedd dwy sedd ar gael yn ward Llangennech, a dwy bleidlais yr un gan yr etholwyr. Y canlyniad oedd fod Eileen a'r ymgeisydd Llafur yn gyfartal gyda 913 pleidlais yr un. Mae'n amlwg felly fod nifer wedi bwrw un bleidlais dros yr ymgeisydd Llafur, ond wedi rhoi eu hail bleidlais i Eileen. Mae'n debyg mai pleidlais bersonol i Eileen, a ffordd i ddangos cefnogaeth iddi hi

Etholiad Cyngor Sir. County Council Election.

LLANGENNECH

DYDD MAWRTH, EBRILL 15, 1958
TUESDAY, APRIL 15, 1958

EICH CEFNOGAETH A'CH PLEIDLAIS I

YOUR SUPPORT AND VOTE FOR

C. EILEEN BEASLEY

Plaid Cymru

~~1513 LC – T M Bassett, Brynmawr~~

CYFIAWNDER, CYFRIFOLDEB, CYDWEITHREDIAD,
FREEDOM, RESPONSIBILITY, CO-OPERATION.

Argraffwyd gan Wasg John Penri, Heol St. Helen, Abertawe, a chyhoeddwyd gan y Cynrychiolydd, Wynne H. Jones, 29 Heol yr Hendre, Llangennech.

Taflen etholiadol Eileen. Sylwer ar y lipstic a'r ffrog – hon oedd yr un las gafwyd ar gyfer y cyfweliad teledu cyn hynny.

a Trefor ym mrwydr papur y dreth oedd hyn, yn hytrach na chydymdeimlad ehangach gydag amcanion Plaid Cymru. Enillodd Eileen felly sedd ar y Cyngor Dosbarth. Hi oedd yr unig aelod o Blaid Cymru ar y Cyngor, a'r unig ferch hefyd. Doedd dim hyd yn oed dŷ bach i ferched yn adeilad y Cyngor, a chwynai Eileen fod llawer o'r gwaith a'r trafod anffurfiol beth bynnag, yn digwydd yn y dafarn, lle na fyddai gwragedd parchus yn ei fynychu bryd hynny. Roedd y Cynghorwyr i gyd yn cael eu gosod ar o leiaf un pwyllgor, a rhoddwyd Eileen ar y Pwyllgor Carthffosiaeth, lle roedden nhw'n tybio y gallai wneud y lleiaf o ddifrod!

O leiaf yn awr byddai'n gallu dadlau ei hachos o'r tu mewn i'r sefydliad ar lawr y Cyngor, er mai llais unig iawn oedd hi yno. Yn ôl tystiolaeth Eileen ei hun, doedd y Cyngor ddim yn disgwyl y fath ymateb i'w penderfyniad i beidio caniatáu papur treth Cymraeg, ac yn anfodlon iawn fod y mater wedi dod yn destun trafodaeth gyhoeddus. Er mawr ddifyrrwch iddi, daeth galwad ffôn ryngwladol o Ganada ar ganol un o gyfarfodydd y Cyngor tua 1958 yn gofyn i gael siarad â hi, ar adeg pan oedd galwadau rhyngwladol yn brin ac yn gostus. Newyddiadurwr o Quebec oedd ar y ffôn, eisiau trefnu gwneud cyfweliad â hi. Roedd diddordeb mawr yn yr ymgyrch gan bobl Quebec, oedd ar y pryd yn ymgyrchu dros hawliau'r Ffrangeg a dwyieithrwydd o fewn y dalaith. Daeth newyddiadurwr o Quebec i'r tŷ wedi hynny i roi cyfweliad i Eileen. Roedden ni fel plant wrth ein bodd yn clywed Mam yn siarad Ffrangeg gyda'r dyn dieithr. Roedd y Cynghorwyr, ar y llaw arall, yn dychryn fod hanes y frwydr wedi cyrraedd mor bell â Chanada!

Pennod 5

Cefnogaeth a gwrthwynebiad

DIM OND FLYNYDDOEDD wedyn y daethon ni'r plant yn ymwybodol o'r anghydweld a hyd yn oed y casineb oedd tuag at Trefor ac Eileen yn ystod y frwydr yn Llangennech ac yn yr ardal. Sioc i mi yn ddiweddar iawn oedd deall nad oedd Dai, brawd hynaf Trefor, yn cefnogi'i safiad, er bod ei wraig, "Modryb Gwyneth y Tyle" (i'w gwahaniaethu oddi wrth Modryb Gwyneth arall, chwaer Trefor), yn fwy cefnogol. Mae'n debyg fod yr un peth yn wir am y rhan fwyaf o'i deulu. Effaith eu profiadau cynnar eu hunain oedd hyn, a'r ffaith iddyn nhw ddioddef cymaint yn sgil safiad eu tad yn arwain streic yn erbyn y meistri glo. Doedd teulu Eileen ar y fferm gartref ddim yn gefnogol ychwaith, er, yn ôl Eileen, mai parchusrwydd cefn gwlad Anghydffurfiaeth ddirywiedig oedd y tu ôl i hynny, a'r anfodlonrwydd i wneud unrhyw beth i dynnu sylw atyn nhw'u hunain, neu i siglo'r drefn. Mae'n deg dweud hefyd, er i'r ddau deulu wneud eu hanghymeradwyaeth yn ddigon clir, na wnaeth neb o'u teuluoedd ymddwyn yn elyniaethus neu'n frwnt tuag atyn nhw'n bersonol. Flynyddoedd yn ddiweddarach, wedi i'r

TALK IT OVER

Wake up, Trefor!

SPUTNIKS buzz overhead bringing the planets ever nearer the earth.

Great nations are surrendering their sovereign rights. Customs barriers will soon be going down all over Europe.

This is the age of the big battalions. Man is abandoning his narrow parochial outlook in favour of the advantages he gets from being part of a bigger family.

BUT NOT IN THE HAMLET OF YR ALLT AT LLANGENNECH DOWN IN SOUTH WALES. INDEED TO GOODNESS NO.

Frenchmen and Germans may shake hands and agree to bury the past, but not Welsh Mr. Trefor Beasley of Yr Allt. He hates English—if not the English.

He hates it to the point when he is prepared to see his home sold up around him rather than pay his rates. Because the demands for the money are written in English.

He started his down-with-English campaign five years ago when he insisted that the local council should write to him only in Welsh.

They refused. He refused to pay his rates. So the bailiffs took away his dining-room table.

A few months later, more rates being unpaid, away went another table. And the third round of the battle took place last Tuesday.

Since the damnable demands were still in English and therefore improper and unjust, Mr. Beasley lost his piano and a writing desk.

Dear, deluded Trefor!

Every one of us can feel a pang of sympathy for this modern Don Quixote who is bashing his brains out on such a hopeless cause. But in 1958 we must steel our hearts against him.

Far from giving way to the nationalist fanatics in this island, we should be scrubbing out the last vestiges of racial divisions.

This IS Great Britain, isn't it? Then let us be done with talk of "Wales for the Welsh" and "Up the Scots." Let's make it an island of one single purpose.

Sooner or later we won't be Britons any longer, but Europeans. A few more years after that and—who knows? We may be merely citizens of the world.

People like Trefor Beasley are in the way of all that progress. The council at Llanelly should give him back his table—and his piano—on condition that he goes to evening classes and learns a bit about modern affairs.

Then he can have his writing desk back, too. So that he can write a hundred lines: "I must be a good world citizen." IN ENGLISH.

Consider this

HOW SAFE IS IT TO FLY?

Considering the rapid growth of air travel, astonishingly so. But every now and again disaster comes that should make those in charge of civil aviation stop and consider.

They sent 44 people on a trip to Belgrade in mid-winter in an aeroplane with only two engines.

Is this a big enough safety margin?

There was a time when passengers were prepared to face the oceans in ships without power and precious few lifeboats.

That cannot happen today. The standards demanded of passenger-carrying ships make disasters almost impossible.

Surely the time has come for still higher standards in the air? For rules that demand four-engined planes for passenger flights on this scale and over such distances?

Air transport is now out of the pioneer stage. We cannot afford to tolerate risks that were commonplace ten years ago.

One Viscount might have saved the lives of those splendid Manchester footballers. Its four engines must have made all the difference in the split second of calamity.

It is a sad, solemn thought.

Man o' the People

Toriad papur newydd gelyniaethus o'r cyfnod.

hinsawdd gwleidyddol droi'n fwy ffafriol, newidiodd llawer o'r teulu eu barn am safiad y ddau, a daeth brwydr y dreth yn destun balchder i lawer o'u perthnasau, yn enwedig y genhedlaeth iau.

Yn sgil y cyhoeddusrwydd cynyddol i ymgyrch y Beasleys i gael papur treth Cymraeg, roedd y cyhoedd erbyn hyn yn cymryd sylw o'r hyn oedd yn digwydd yn Llangennech. Yr oedd rhai o'r ymosodiadau ar y Beasleys yn y wasg yn bersonol giaidd ac ar yr un pryd yn ddryslyd a disylwedd o ran rhesymeg. Yn y cyfnod hwn roedd Prydeindod ac Imperialaeth ar eu hanterth yng Nghymru, ac mae'n anodd i ni heddiw gredu mor wahanol oedd pethau, heb fawr o arwyddion balchder cenedlaethol. Mae toriad papur wedi'i gadw o 1958 o un o bapurau lleol Llanelli gan 'Man o' the People' sy'n honni mai casineb tuag at y Saeson sydd wrth wraidd brwydr y dreth. Meddai am Trefor: "He hates English – if not the English. He hates it to the point when he is prepared to see his home sold up around him rather than pay his rates." Mae'n awgrymu bod "dear, deluded Trefor" yn un o'r "nationalist fanatics in this island" ac yn cyferbynnu safiad dros y Gymraeg gyda bod yn ddinesydd o Brydain, Ewrop a'r byd, sy'n cynrychioli "progress" ac yn golygu coleddu'r iaith Saesneg wrth gwrs. Mae hyn yn eironig iawn o ystyried pa mor wirioneddol eang a rhyngwladol oedd cydymdeimladau Trefor ac Eileen.

Mae pennawd tudalen flaen y *Llanelly Star* ym Mawrth 12, 1960 yn cynnwys "And Mrs. Beasley"'s Welsh bid fails again". Mae'r erthygl flaen yn sôn am y cynnydd yn y dreth gyngor ar gyfer y flwyddyn ariannol ddilynol, ac yna yn yr un erthygl yn mynd ymlaen i sôn am y bleidlais ar lawr y Cyngor ynghylch cael papur y dreth yn ddwyieithog, fel petai'r ddau fater yn gysylltiedig. Mae'r erthygl yn dyfynnu'r Cynghorydd Edgar Thomas a wrthwynebodd y cynnig, yn dweud "he saw no difference in the circumstances between now and five years ago when they first reached their decision". Mae hyn yn awgrymu mai yn 1955 y trafododd y cynghorwyr etholedig y mater yn gyntaf mewn cyfarfod llawn o'r Cyngor, er mai dim ond cadarnhau penderfyniadau y swyddogion cyflogedig ers 1952 oedd hynny.

Ond roedd y gwrthwynebiad ar lawr y Cyngor ac yn y wasg yn awr yn fwy eang na mater cost argraffu ac yn dangos meddylfryd gwasaidd o edrych at Loegr am waredigaeth. Meddai'r Cynghorydd Brinley Thomas, un arall o wrthwynebwyr y cynnig yn yr un erthygl: “Mrs. Beasley had mentioned North Wales authorities who were printing [their Rate Demands] in Welsh. These are the people who are asking English firms to bring them employment.” Un a oedd yn ymosod yn gyson ar y Beasleys yn y wasg oedd J. Willock. Yr oedd ei ddadleuon yntau yn aneglur, ond yn amlwg roedd papurau fel y *Llanelly Star* yn manteisio ar y dadlau i werthu'r papur. Mewn un llythyr at y *Llanelly Star* (Mawrth 22,1960) edliwiodd i Trefor (yn gyfeiliornus) darddiad Gwyddelig ei enw, gan barhau â'i ymosodiad yn y papur yr wythnos ddilynol. Meddai Eileen wrth ei ateb un tro: “It is difficult to make of Mr. J. Willock's confused attack (“Star” March 29) upon our stand for so·simple and elementary a right as a rates demand in our own language in our own country. Any demand for justice in any sphere for Welsh people in Wales is, apparently, “a Nationalist gimmick”.” Er eu bod wedi ymdrechu i bwysleisio nad mater o wleidyddiaeth plaid oedd cefnogi'r Gymraeg, mae'n amlwg fod polareiddio yn digwydd ar hyd llinellau plaid. Un fantais o gael brwydr mor hir dros fater mor ymddangosiadol ddibwys â ffurflen dreth oedd bod hynny wedi rhoi'r cyfle i roi'r dadleuon o blaid y Gymraeg yn gyson ac yn glir, ac yn y diwedd, i newid meddyliau pobl.

Dyma a ddywedodd Trefor ac Eileen mewn llythyr o'u heiddo yn y *Llanelly Star* ar Orffennaf 2, 1960, yn ymateb i ymosodiad arnynt gan H.M. Unsted yn rhifyn Mehefin 18 o'r papur:

> One small family fighting alone, with the limited resources of a collier's wages, cannot spread its net widely or do anything grandiose. But there is no need to be grandiose to prove a point and proclaim a principle. One symbolic act will do.
>
> We asked for the rates demand in Welsh because it was a moderate, reasonable, request. It is a request already acceeded to elsewhere in Wales, Llanelly Rural Council were not asked to establish a precedent.
>
> By their incredible folly, Llanelly Rural Council have elevated what could have been a small practical act of justice into an issue of the highest national significance.
>
> They have effectively proved that the Welshman has no rights in his own land. He may only enjoy privileges by ephemeral and sporadic official condescension. He can not live a full life as a Welshman.
>
> Even the basic human rights are not his, and his reasonable efforts to acquire them are blocked by official arrogance and bigotry. It is a lesson that will surely not be lost upon the nation. Wales must regain her self-respect and sense of national dignity.
>
> Mr. Unsted and Llanelly Rural Council would do well to remember the cloud that was no bigger than a man's hand.

Daw'r cyfeiriad at y cwmwl nad oedd yn fwy na maint dwrn dyn o'r Beibl (1 Brenhinoedd 18:44) wrth gwrs, lle roedd yn arwydd o law oedd ar fin disgyn wedi sychdwr mawr. Mae'r darlun yn un addas o ystyried y newid agwedd sylweddol a gafwyd tuag at y Gymraeg a hunaniaeth Cymru yn y blynyddoedd oedd i ddilyn. Ond doedd hynny ddim yn amlwg i bawb o bell ffordd yn 1960. Er i Trefor ac Eileen ymagweddu'n ddewr a dirwgnach yn wyneb yr ymosodiadau arnyn nhw, dydi hynny ddim i ddweud ei fod yn hawdd dygymod â'r fath sylwadau sarhaus a bychanol.

Mae *Y Dysgedydd* yn ei rifyn Mawrth/Ebrill 1960 yn trafod yr "erledigaeth" ar y Beasleys, gyda'r golygydd, y

Parch. Iorwerth Jones, Capel Als, Llanelli, yn dweud (er ei fod yn anghywir yn datgan fod ganddyn nhw dri neu bedwar o blant!): "Awgrymwyd gan un o wrthwynebwyr mwyaf cyndyn y Beasleys... y dylent dalu'r dreth er mwyn cysur eu plant. Anodd yw ffeindio geiriau digon cryf i ddisgrifio digywilydd-dra siarad o'r fath. Os yw'r gŵr hwn yn gwir ddymuno gwneud bywyd yn esmwythach i blant y Beasleys gall wneud hynny'n rhwydd, heb fradychu'r un egwyddor, trwy bleidleisio dros ddarparu ffurflen Gymraeg i'r rhieni hyn sy'n credu mor eiddgar fod diogelu treftadaeth eu cenedl i'w plant yn bwysicach hyd yn oed na chadw llond parlwr o gelfi." Mae'n dweud hefyd, "boed i'n cenedl wasaidd godi ar ei thraed a mynnu fod yr erlid creulon dibwrpas hwn yn dod i ben."

Mae nifer o lythyrau personol wedi'u cadw o'r cyfnod hwn, gan ffrindiau a dieithriaid, yn mynegi cefnogaeth iddyn nhw. Mae'n debyg fod unrhyw lythyron gelyniaethus wedi mynd yn syth i'r tân, fel y gwnaeth y llythyr cas am "son of a bastard", er bod digon o eitemau gwrthwynebus a ymddangosodd yn y wasg wedi'u cadw. Roedd y llythyron o gefnogaeth hyn yn gwneud eu sefyllfa yn llai unig, ac yn ernes efallai o'r hyn oedd i ddod yn y chwedegau pan fyddai mudiad iaith go iawn yn cael ei sefydlu.

Daeth un llythyr annisgwyl dyddiedig Awst 1, 1954 oddi wrth rywun o'r enw Aubrey S. Ryness o 6 Peet St, Nottingham at Trefor: "I was greatly interested by the story (in last Friday's Daily Express) of your stand in defence of your nationalism, that inestimable birthright which all-too-many barely recognise or would barter away, so to speak, for a "mess of potage"... I noticed (with some amusement) the reason advanced by the Llanelly Rural Council why they feel unable to comply with your request for a demand form printed (or written) in Welsh, namely the extra cost of printing! If any of these gentlemen has occasion to write and apply for monies falling due to him (privately and individually), say from deceased relatives, and if the letter of application had to be written in any given language on earth (or even is sign language), I doubt whether such a remarkable objection would even had entered the worthy gentleman's head." Mae'n cloi drwy yrru ei ddymuniadau da ato, a hefyd, swm bach o arian (hanner coron) "as a visible token of my sincere moral support in this your action". Roedd y llythyr wedi cyrraedd heb gyfeiriad llawn, gyda dim ond "To Mr Trefor Beasley (miner) Llangennech Carmarthenshire" ar yr amlen.

Daeth llythyron eraill gan bobl o Gymru a oedd, bryd hynny, yn ddieithriaid, ond a oedd yn llawenhau o weld safiad Trefor ac Eileen. Yn eu plith roedd un wedi'i ddyddio Medi 15,1955, o Ysgol Rhydypennau, Bow Street, Aberystwyth, wedi'i lofnodi gan E.D. Jones a Neli Davies, mewn ymateb uniongyrchol i adroddiad o hanes Trefor ac Eileen yn y *Western Mail* y diwrnod hwnnw: "Wedi ei ddarllen ni allwn i lai nag ysgrifennu atoch i ddatgan fy

Amlen y llythyr oddi wrth Aubrey Ryness.

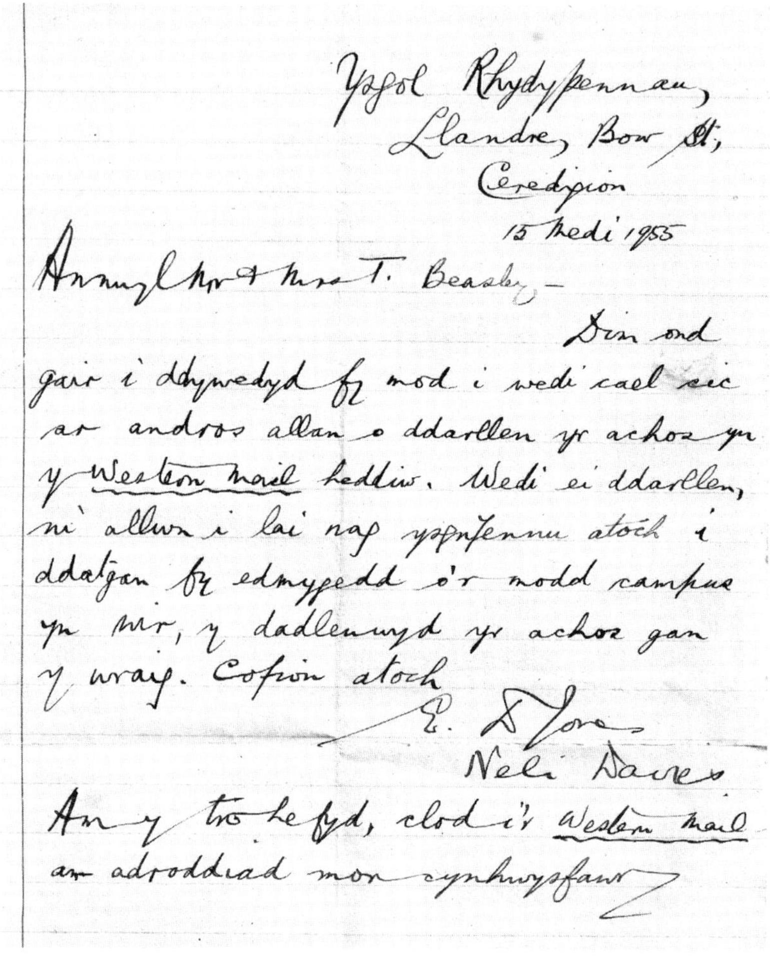

Ysgol Rhydypennau,
Llandre, Bow St,
Ceredigion
15 Medi 1955

Annwyl Mr a Mrs T. Beasley –

Dim ond gair i ddywedyd fy mod i wedi cael sioc ar andros allan o ddarllen yr achos yn y Western Mail heddiw. Wedi ei ddarllen, ni allwn i lai nag ysgrifennu atoch i ddatgan fy edmygedd o'r modd campus yn wir, y dadleuwyd yr achos gan y wraig. Cofion atoch

E. D. Jones
Neli Davies

Ar y tro hefyd, clod i'r Western Mail am adroddiad mor cynhwysfawr

Llythyr E.D. Jones a Neli Davies.

edmygedd o'r modd campus yn wir y dadleuwyd yr achos gan y wraig."

Danfonwyd un llythyr at Glerc y Cyngor gyda chopi at Eileen, wedi'i lofnodi gan ddeunaw o ferched chweched dosbarth "o ysgol ramadeg lleol", gyda'r cyfeiriad Trem Edeirnion, Cynwyd, Corwen, Meirionnydd arno, a'r dyddiad Mawrth 28, 1960. Mae'n debyg mai Ysgol

Ramadeg y Bala oedd yr ysgol honno. Roeddent wedi clywed am y mater ar raglen radio'r BBC 'Platform', a meddent, "Teimlwn ei fod yn sarhad ar yr iaith ac ar Gymru fod yr iaith yn cael ei gwrthod. Ofer ceisio gwadu fod yr iaith Gymraeg mewn perygl enbyd ac os yw i fyw mae'n RHAID iddi gael ei lle a'i pharch fel iaith swyddogol. Efallai y meddyliwch ein bod yn rhy ifanc i amgyffred pwysigrwydd y fath broblemau, ond y mae dyfodol ein hiaith yn agos iawn at ein calonau [sic]". Y deunaw a lofnododd oedd Rhianwen Roberts, Gwenda Roberts, Tegwen Roberts, Diana van Lieshout, Rhian G. Price, Eurys Ll. Griffiths, Olwen Jones, Glenys Mererid Thomas, Gwen Storer, Joan Riley, Gwyneira Williams, Nan Roberts, Mari V. Richards, Gwen Guest, Hazel Willatt, Elinor Bennett Owen, Nia Tudor, a Mary Kathleen Jones. Daeth nifer o'r rhain yn adnabyddus yng Nghymru yn nes ymlaen gan wneud cyfraniad clodwiw i Gymru a'r Gymraeg, gan gynnwys y delynores Elinor Bennett (yn nes ymlaen Elinor Bennett Wigley).

Un o'r llythyron difyrraf o gefnogaeth ddaeth atynt efallai, oedd hwnnw oddi wrth "Brother David" a ddisgrifir fel "Missionary to the Indians", ar bapur penawd St. Anne's Mission, MC Dermitt, Nevada. Mae'n llythyr digon byr, yn mynegi cefnogaeth syml i'r frwydr, "Good luck and God bless you in your valiant fight for yr hên iaith."

Brodor o Dafen, Llanelli oedd Brother David, neu William John Hughes fel yr oedd yn wreiddiol, a ddaeth yn actor llwyfan ac yn un o sêr y ffilmiau mud yn yr Unol Daleithiau, dan yr enw sgrin Gareth Hughes. Yn 1944 aeth yn genhadwr at y llwyth Americaniaid Brodorol y Paiute yn nhiriogaeth Pyramid Lake, Nevada. Cadwodd gysylltiad gyda'i deulu yn Llanelli, ac mae'r llythyr yn nodi iddo glywed am frwydr y dreth "in the Llanelly papers".

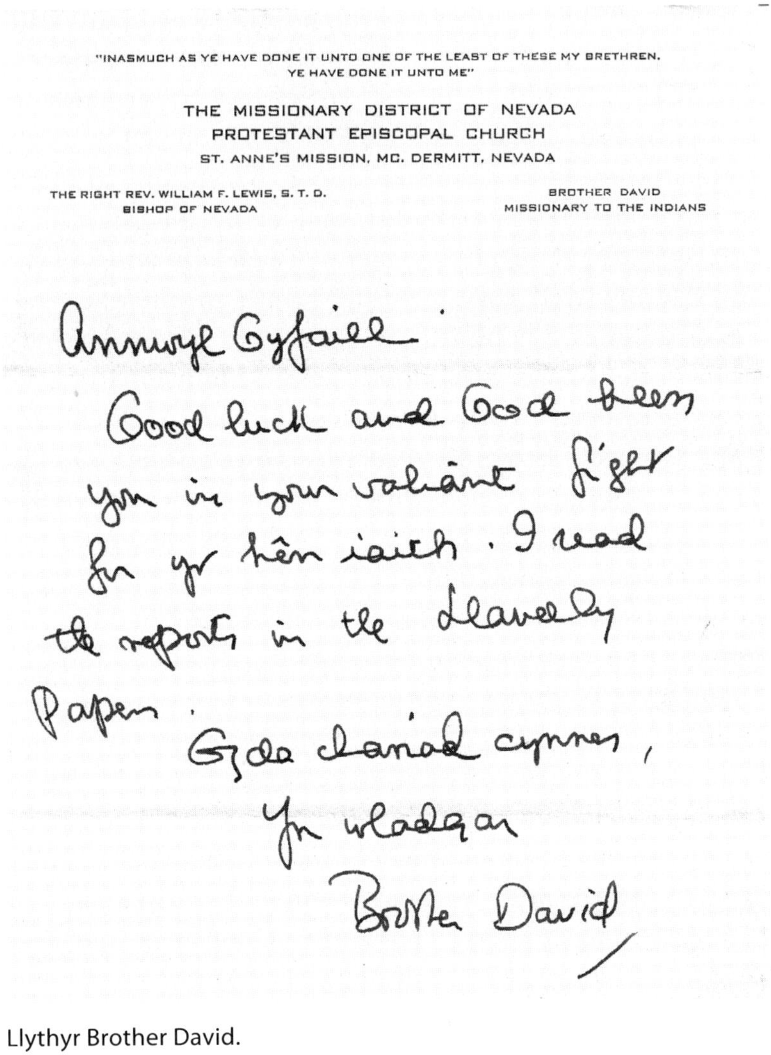

"INASMUCH AS YE HAVE DONE IT UNTO ONE OF THE LEAST OF THESE MY BRETHREN, YE HAVE DONE IT UNTO ME"

THE MISSIONARY DISTRICT OF NEVADA
PROTESTANT EPISCOPAL CHURCH
ST. ANNE'S MISSION, MC. DERMITT, NEVADA

THE RIGHT REV. WILLIAM F. LEWIS, S. T. D.
BISHOP OF NEVADA

BROTHER DAVID
MISSIONARY TO THE INDIANS

Annwyl Gyfaill:

Good luck and God bless you in your valiant fight for yr hên iaith. I read the reports in the Llanelly Paper.

Gyda chariad cynnes,
Yn wladgar
Brother David

Llythyr Brother David.

Dychwelodd i Lanelli am gyfnod yn 1958 pan oedd yn wael ei iechyd, gan fwriadu ymddeol yno, ond aeth yn ôl i Dde Califfornia lle roedd yr hinsawdd yn gweddu'n well i'w broblemau gyda'i ysgyfaint. Does dim dyddiad ar y llythyr, ond mae'n bosib mai oddeutu 1958 yr ysgrifennodd ef, pan oedd cyhoeddusrwydd am yr ymgyrch yn ei hanterth.

William John Hughes yn actor ifanc dan yr enw Gareth Hughes.

William John Hughes yn ei henaint yn genhadwr dan yr enw Brother David.

Roedd Eileen yn enwedig wrth ei bodd i dderbyn llythyr gan y seren enwog!

Nid gan unigolion yn unig fyddai'r llythyron cefnogaeth yn dod. Dechreuodd mudiadau a chyrff hefyd yrru llythyron cefnogaeth atyn nhw, fel arfer ar ôl pasio cynnig o gefnogaeth yn eu cyfarfodydd blynyddol. Roedd yr enwadau crefyddol Anghydffurfiol yn flaenllaw yn hyn, a hefyd cyrff fel Undeb Cenedlaethol Athrawon Cymru, UCAC. Mae llythyr dyddiedig Gorffennaf 4,1960 wedi'i gadw yn adrodd am gynnig a basiwyd "yn unfrydol a gyda brwdfrydedd" yn eu cynhadledd flynyddol "Bod y gynhadledd hon yn llongyfarch Mr. a Mrs. Trefor Beasley ac yn gwerthfawrogi eu safiad yn eu hymgais i gael papurau trethi yn Gymraeg". Anfonwyd copi hefyd at glerc Cyngor Dosbarth Gwledig Llanelli, sy'n dangos yn ogystal sut oedd y frwydr yn aeddfedu erbyn hynny, ac nid dim ond y teulu yn Llangennech oedd yn dysgu sut oedd rhedeg ymgyrch lwyddiannus.

Cyrhaeddodd yr ymgyrch dudalen flaen *Seren Cymru*, papur wythnosol y Bedyddwyr Cymraeg ar Ebrill 1, 1960, gan ail gyhoeddi 'Baled y Teulu Beasley' gan Bobi Jones, a oedd wedi ymddangos yn wreiddiol yn *Baner ac Amserau Cymru*. Mae golygyddol y papur yn rhoi cryn sylw i'r

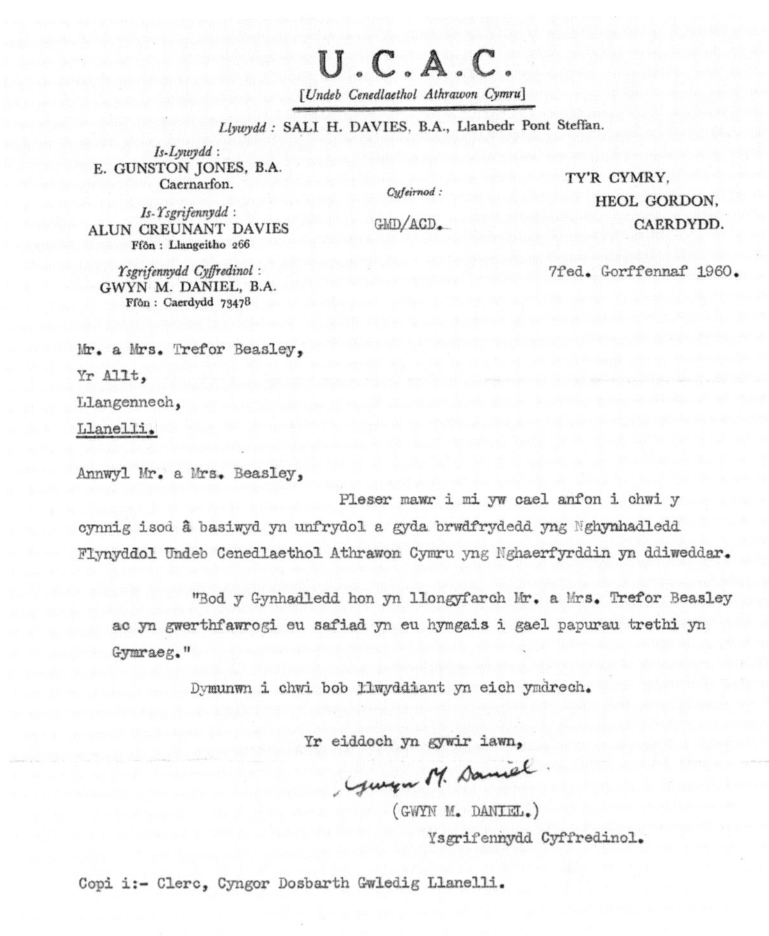

U.C.A.C.

[*Undeb Cenedlaethol Athrawon Cymru*]

Llywydd: SALI H. DAVIES, B.A., Llanbedr Pont Steffan.

Is-Lywydd: E. GUNSTON JONES, B.A. Caernarfon.

Is-Ysgrifennydd: ALUN CREUNANT DAVIES Ffôn: Llangeitho 266

Ysgrifennydd Cyffredinol: GWYN M. DANIEL, B.A. Ffôn: Caerdydd 73478

Cyfeirnod: GMD/ACD.

TY'R CYMRY,
HEOL GORDON,
CAERDYDD.

7fed. Gorffennaf 1960.

Mr. a Mrs. Trefor Beasley,
Yr Allt,
Llangennech,
Llanelli.

Annwyl Mr. a Mrs. Beasley,

Pleser mawr i mi yw cael anfon i chwi y cynnig isod â basiwyd yn unfrydol a gyda brwdfrydedd yng Nghynhadledd Flynyddol Undeb Cenedlaethol Athrawon Cymru yng Nghaerfyrddin yn ddiweddar.

"Bod y Gynhadledd hon yn llongyfarch Mr. a Mrs. Trefor Beasley ac yn gwerthfawrogi eu safiad yn eu hymgais i gael papurau trethi yn Gymraeg."

Dymunwn i chwi bob llwyddiant yn eich ymdrech.

Yr eiddoch yn gywir iawn,

Gwyn M. Daniel

(GWYN M. DANIEL.)
Ysgrifennydd Cyffredinol.

Copi i:- Clerc, Cyngor Dosbarth Gwledig Llanelli.

Y llythyr oddi wrth UCAC.

frwydr, gan ddweud i'r cais am bapur treth dwyieithog gael ei wrthod yng nghyfarfod diwethaf y Cyngor, sef cyfarfod mis Mawrth 1960, gyda deuddeg pleidlais yn gwrthod y cais, tair pleidlais o blaid, ac un yn ymatal. Noda mai dau Gymro Cymraeg siaradodd dros wrthod y cais, a dywed *Seren Cymru* "Tosturio wrth "hen gyd-Gymry gwael" fel y rhai hyn a ddylem, bid siŵr, a chydnabod nad ydynt onid cynnyrch trist "y peiriant mwrdro"" – sef addysg Seisnigaidd Cymru. Mae'r adroddiad yn *Y Cymro*, dyddiedig Mawrth 17 yn nodi mai Eileen ei hun a gynigiodd y cais, ac iddi gael ei heilio gan Trevor O. Jones, a oedd yntau yn cynrychioli Llangennech ar Gyngor Gwledig Llanelli, ac yn aelod o'r Blaid Lafur, fel mwyafrif y Cynghorwyr.

Arwydd o'r newid agwedd yn y gymdeithas ehangach erbyn y diwedd oedd fod llythyr cefnogi wedi mynd oddi wrth Gyfrinfa Glowyr Pwll Glo'r Morlais ddechrau 1960, y gyfrinfa roedd Trefor yn perthyn iddi, at y Cyngor. Roedd Trefor wedi dioddef llawer o feirniadaeth am ei safiad gan rai o'i gyd-lowyr yn y pwll glo, yn enwedig rhai oedd yn meddwl fod sosialaeth ryngwladol yn golygu y dylai'r Saesneg ddisodli ieithoedd eraill: agwedd a oedd yn cael ei lleisio yn y wasg leol ac ar lawr y Cyngor hefyd. Bellach yr oedd pobl o'r tu allan i rengoedd arferol y 'cenedlaetholwyr' yn gweld anghyfiawnder y sefyllfa, a llythyrau cefnogi weithiau yn dod o fannau annisgwyl.

Cafwyd cefnogaeth arbennig o Lydaw i Trefor ac Eileen, yn dangos y cylch eang o ffrindiau oedd ganddyn nhw o'r tu allan i Gymru hefyd. Bu Eileen ar ymweliad â Llydaw yn 1948 a 1949 ar daith wedi'i threfnu gan Urdd Gobaith Cymru. Yno cyfarfu â Llydawiaid ifanc a ddaeth yn gyfeillion oes iddi. Un ohonyn nhw oedd Per Denez, awdur ac ysgolhaig a ddaeth yn un o brif ladmeryddion y Llydaweg yn yr ugeinfed ganrif. Yn haf 1957, pan oedd brwydr y dreth yn dechrau poethi, daeth Per gyda'i ddau blentyn hynaf, Morwena a Gwendal oedd yn naw ac yn chwech oed, draw i dreulio tri mis gyda ni'r teulu Beasley yn y bwthyn bach yn Llangennech.

Bwriad Per oedd defnyddio'r cyfnod i ddod yn rhugl yn y Gymraeg, a chael y plant hefyd i ddysgu'r iaith. Roeddwn i'n dair oed ar y pryd, ac Elidyr yn bump, felly doedd y bwlch oedran, yn enwedig rhwng Gwendal ac Elidyr, ddim yn rhy fawr.

Roedd Per a'i blant yn cysgu yn un ystafell wely, ac Elidyr a fi yn stwffio mewn i'r ystafell wely arall gyda'n rhieni. Roedd y bwmbeiliaid wedi cymryd rhai dodrefn i ffwrdd erbyn y cyfnod yma, ond dyw diffyg dodrefn ddim yn rhan o'n hatgofion ni am yr arhosiad. Y cof sy'n aros yw cyfnod llawn chwerthin a chyffro, Per yn adeiladu cwt cwningod Llydewig arbennig iawn i ni, ac wrth ei fodd yn helpu Trefor i dorri'r cnapiau glo anferth, oedd yn dod i lowyr bryd hynny fel rhan o'u cyflog, a'u troi yn ddarnau llai ar gyfer y Rayburn. Mynnodd hefyd gael mynd gyda Trefor i bysgota. Nid pysgota cyfreithlon oedd hyn ond 'lampo', sef mynd ar hyd yr afon yn y tywyllwch gyda thortsh, a denu'r pysgod at y golau i'w dal. Roedd rhaid diffodd y golau yn gyflym os oedd rhywun yn dod, achos roedd cipar ar yr afon bryd hynny. Fe ddywedodd Trefor na fyddai byth yn mynd â Per gydag e i botsian eto, achos roedd e'n cadw llawer iawn gormod o sŵn gan fod ei wichian mewn cyffro yn ddigon i'w bradychu i unrhyw gipar allai fod wrth law. Ond erbyn y bore dyna lle roedd Trefor a Per ill dau, bob o dywel gwaedlyd o gwmpas eu canol yn glanhau dalfa dda o frithylliaid ac ambell i eog a ddaliwyd yn ystod y nos.

Cafodd Trefor ganiatâd arbennig i fynd â Per gydag e lawr y pwll glo un waith. Creodd hyn argraff fawr ar Per, ac mae'n adrodd am y profiad yn ei gerdd goffa i Trefor

Trefor a Per gyda Morwena, fi, Elidyr a Gwendal.

Fi gyda Per wrthi'n adeiladu'r cwt cwningod.

(gweler yr Atodiad). Am flynyddoedd wedyn byddai Eileen yn pacio parsel o siocledi i Morwena a Gwendal bob Nadolig – Crunchies a Bountys, Cadburys Flakes a danteithion eraill, gan fod pethau felly ddim ar gael yn Llydaw.

Ymhlith y llythyrau a anfonodd y Llydawiaid at Gyngor Gwledig Llanelli yn cefnogi safiad Trefor ac Eileen, mae un gan Per Denez fel golygydd ar ran bwrdd golygyddol y cylchgrawn *Ar Vro*, er bod dyddiad y llythyr, Hydref 2, 1960 yn awgrymu fod y frwydr eisoes wedi'i hennill erbyn hynny a'r newyddion heb gyrraedd Llydaw. Mae llythyrau eraill diddyddiad wedi'u cadw yn cynnwys un oddi wrth gangen Llydaw o'r Gyngres Geltaidd, wedi'i lofnodi gan Ivona Martin fel ysgrifennydd, un gan P. Lemoine, pensaer, un gan Dr G. Etienne, golygydd *Preder*, a deisebau o'u plaid o Brest, Rennes a Pharis.

Erbyn cyfarfod mis Mawrth 1960, roedd y Cyngor wedi derbyn 137 llythyr yn gofyn am gael ffurflen y dreth yn ddwyieithog, gyda naw arall, yn cynnwys un o Iwerddon, wedi cyrraedd yn rhy hwyr i'w cynnwys yn ôl adroddiad Clerc y Cyngor. Doedd rhai o'r cynghorwyr ddim yn hapus gyda'r holl gyhoeddusrwydd yr oedd y mater erbyn hyn yn ei ddenu o'r tu allan i'r Cyngor a'r ardal leol. Yn yr adroddiad, dywedir am y Cynghorydd Edgar Thomas wrth iddo wrthwynebu'r cynnig i gael ffurflen dreth ddwyieithog: "He was surprised at the amount of TV and Press publicity the issue was getting… He did not understand what they would gain. "Eighty per cent of the people would not understand the demand note in Welsh"." Dywedodd cynghorydd arall, y Cynghorydd Brinley Thomas: "Why do they [awduron y llythyron cefnogol] interfere with another area?" a dywedodd Cynghorydd Annibynnol, Clifford Jenkins: "Behind this there seems to be a political manoeuvre and I dislike that very much Mrs. Beasley."

Ffyrnigrwydd carfan oedd ar fin colli'r dydd oedd yr ymosodiadau hyn ar lawr y Cyngor. Roedd y dadleuon yn erbyn caniatáu ffurflen dreth ddwyieithog wedi amrywio – o gost y ddarpariaeth i ddiffyg galw am ffurflen ddwyieithog, i'r ffaith mai Saesneg oedd iaith cynnydd, ac yn waelodol efallai, roedd yn fater o wrthwynebu unrhyw beth y byddai'r cenedlaetholwyr yn ei gynnig. Erbyn diwedd y pumdegau roedd y farn gyhoeddus yn dechrau troi o blaid y Beasleys. Doedd yr ymosodiadau ffyrnig yn eu herbyn ddim i weld mor glyfar erbyn hyn, ac roedd agwedd y Cyngor yn gwrthwynebu cais mor syml a hawdd ei gyflawni, yn dechrau edrych yn beth eithaf rhyfedd a disynnwyr. Roedd y llythyrau a'r datganiadau o gefnogaeth i'r teulu yn dechrau troi'n llif, a'r sylw o'r tu allan i Gymru hefyd yn achosi embaras i'r Cyngor.

Roedd un peth arall fu'n help i Eileen yn enwedig i gadw i fynd ym mlynyddoedd olaf yr ymgyrch, pan oedd y bwmbeiliaid wedi mynd â'r cyfan o'r dodrefn y gallen nhw eu cymryd. Hynny oedd gwyliau haf estynedig ar y cyfandir. Roedd Eileen wedi bod yn athrawes Ffrangeg, ac roedd hi'n awyddus i ymarfer ei Ffrangeg a hefyd i'n cael ninnau'r plant yn rhugl yn yr iaith. Yn haf 1959 fe aeth Eileen â ni'r plant i St Benoît des Ondes yn ymyl St Malo ar ein gwyliau, ar argymhelliad Per Denez, oedd yn enedigol o'r ardal, gan aros yn yr Hôtel Bouteiller yno. Roedd hi'n haf bendigedig o braf, a thraeth tywod melyn anferth yn union gyferbyn â'r gwesty.

Yn ystod y gwyliau hynny roedd y bwmbeiliaid wedi bod yn y bwthyn yn Llangennech a mynd â gweddill dodrefn y parlwr bach i ffwrdd. Fel yr adroddodd Eileen yr hanes, doedd dim byd ar ôl ond deg o botiau jam mwyar roedd Trefor wedi'i wneud tra oedd gweddill y teulu ar eu gwyliau, yn un rhes ar lawr.

Elidyr a fi ar y traeth yn St Benoît des Ondes.

Yr haf canlynol fe aeth Eileen â ni'r plant i aros yng nghastell Maison-Maugis yn Normandi am fis, fel gwesteion yn talu i deulu Mme la Contesse de Moucheron. Roedd tipyn o steil uchelwrol o gwmpas y teulu, a châi Elidyr a minnau ein gyrru i fwyta yn y gegin gyda'r gweision a'r morynion pan ddeuai rhywun pwysig i ginio. Roedd Eileen a ni hefyd yn cael gwersi Ffrangeg gan ferch y teulu.

Roedd brwydr y dreth yn nesáu at ei diwedd adre, ond doedd dim modd i Eileen wybod hynny ar y pryd. Cyfle i orffwys a bod yn rhydd rhag gofynion cyson y brwydro oedd yr ymweliad â Ffrainc. Ar ein ffordd adre i Gymru fe dreulion ni rai dyddiau ym Mharis. Yr uchafbwynt yno oedd mynd i'r theatr i weld perfformiad Ffrangeg am Marco Polo. Roedden ni wedi cyffroi'n lân o weld Marco Polo yn dod ar y llwyfan ar geffyl gwyn byw, ac yn mwynhau ei weld yn straffaglu bwyta nwdls gyda *chopsticks*. Yn anffodus, bu'n rhaid gadael y theatr hanner ffordd drwy'r ail act oherwydd bod Elidyr

Elidyr a fi ar y cwch ar y ffordd adre o Lydaw. Anrheg gan Per oedd y ddoli Lydewig.

wedi bwyta gormod o hufen iâ ac yn sâl. Doedd Eileen ddim yn hapus o gwbl achos roedd hi wedi gwario ffortiwn ar y tocynnau!

Hoffai Trefor bryfocio Eileen fod pobl Llangennech yn meddwl ei fod wedi priodi mewn i gyfoeth, oherwydd doedd prin neb arall o'r pentref yn mynd ar eu gwyliau dramor bryd hynny. Y gwir amdani oedd ein bod yn byw yn gynnil iawn fel arall, bron â bod yn hunan-gynhaliol o ran bwyd. Doedd dim pwynt gwario unrhyw beth ar ddodrefnu'r tŷ gan fod perygl i'r bwmbeiliaid fynd ag unrhyw beth newydd i ffwrdd hefyd.

Yn fuan ar ôl dychwelyd o Normandi rhaid oedd i Eileen baratoi ar gyfer y cyfarfod nesaf o'r Cyngor. Profodd hwn yn gyfarfod tyngedfennol, gyda'r Cyngor o'r diwedd yn ildio i bwysau'r farn gyhoeddus, gan deimlo efallai eu bod erbyn hynny yn gwneud ffyliaid ohonyn nhw'u hunain. O ochr Trefor ac Eileen, roedd y cyfuniad o ddycnwch a dyfalbarhad, defnydd craff o'r wasg i newid barn y cyhoedd, a chefnogaeth ffrindiau a chefnogwyr, wedi dwyn ffrwyth.

Ar Fedi 22, 1960, pasiodd Cyngor Dosbarth Gwledig Llanelli gynnig o blaid argraffu'r papur treth yn ddwyieithog. Roedd y frwydr wedi'i hennill.

Pennod 6

Dal ati i frwydro

WNAETH ENNILL Y frwydr ddim llawer o argraff arnom ni'r plant. Pobl ddiymhongar oedd Trefor ac Eileen, a chafwyd ddim unrhyw ddathlu arbennig, na fawr o ffws mewn gwirionedd. Araf iawn fuwyd yn prynu dodrefn newydd i'r tŷ. Un o'r pethau cyntaf brynwyd oedd piano newydd, er mai ail-law oedd hwnnw hefyd. Mae'r piano yn Ysgol Tryfan, Bangor erbyn hyn, lle mae gorwyrion hynaf Trefor ac Eileen yn yr ysgol.

Yn ogystal, ar ôl ennill brwydr y dreth, yn 1961 anfonwyd Elidyr a finnau am fis i ysgol breswyl yn Montana Vermala yn y Swistir i wella ein Ffrangeg. Mae'n amlwg fod ein cael ni'n rhugl ein Ffrangeg yn llawer pwysicach na chael pethau materol i'r tŷ!

Yn 1962 cawson nhw soffa a chadeiriau i'r parlwr, ac roedd Eileen, yn ôl ei harfer, yn mynnu cael rhai wedi'u gwneud yng Nghymru, er mwyn cefnogi'r economi leol. Archebwyd 'difán' a dwy gadair wedi'u gwneud yn unswydd ar eu cyfer o ffatri Christie-Tyler ym Mhenybont ar Ogwr. Ymhlith papurau Eileen mae llythyr wedi'i gadw oddi wrth ffatri Christie-Tyler mewn Cymraeg gloyw yn rhoi ateb i'w hymholiad am batrymau i ddewis gorchudd i'r difán (neu

Dau o'r gorwyrion yn 'chwarae' ar y piano.

'lleithig' yn ôl llythyr Christie-Tyler). Doedd ffatri Christie-Tyler ddim yn cael trafferth i wneud yr hyn gymerodd hi flynyddoedd i Gyngor Gwledig Llanelli wneud, sef ateb llythyr yn Gymraeg.

Roedd y difán yn un a allai agor yn wely dwbl, gan fod Trefor ac Eileen yn awyddus i dderbyn ymwelwyr i aros, yn enwedig wrth i amser fynd heibio, y bobl ifanc oedd yn ymgyrchu o blaid yr iaith. Yn 1963 fe brynwyd radio i'r tŷ, y cyntaf i'r teulu ei gael erioed, a chafwyd moped bach i Trefor fynd yn ôl ac ymlaen i'r gwaith, gan dorri cryn dipyn ar hyd ei siwrnai ddyddiol. Cyn hynny byddai'n rhaid iddo gerdded i'r pentref i ddal bws y pwll glo i'r gwaith.

Wedi ennill brwydr y dreth, aeth bywyd yn ei flaen fel arfer i Trefor ac Eileen. Dydi hyn ddim yn golygu nad oedden nhw'n ymgyrchu, ond roedden nhw'n brysur gyda phob math o achosion. Iddyn nhw, roedd cyfiawnder cymdeithasol yn fater o fwy nag iaith yn unig. Un o'r pethau oedd yn mynd â'u bryd bryd hynny oedd sefyll

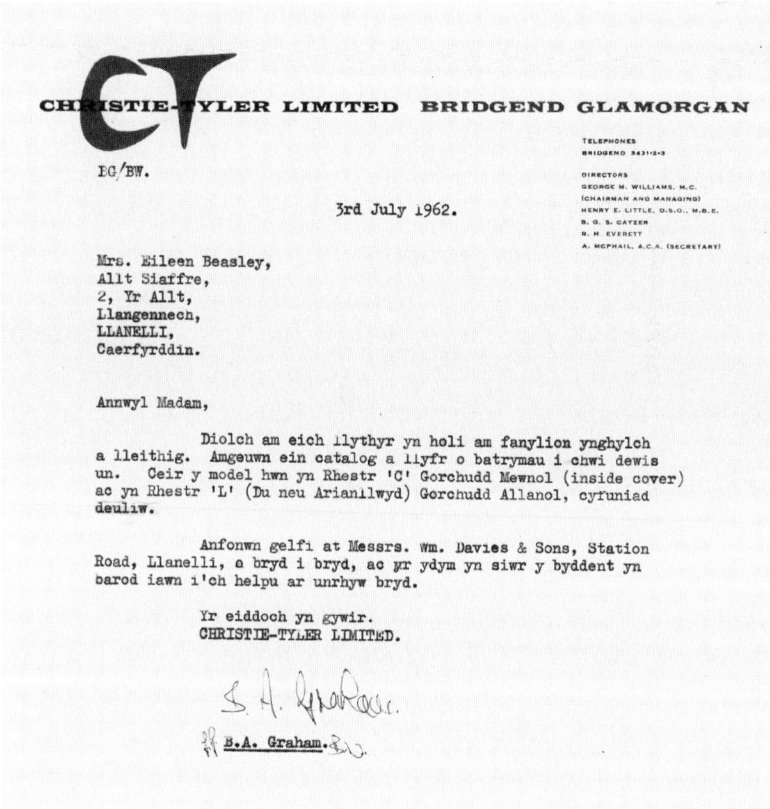

CHRISTIE-TYLER LIMITED BRIDGEND GLAMORGAN

TELEPHONES
BRIDGEND 3431-2-3

DIRECTORS
GEORGE M. WILLIAMS, M.C.
(CHAIRMAN AND MANAGING)
HENRY E. LITTLE, D.S.O., M.B.E.
B. G. S. CAYZER
R. H. EVERETT
A. MCPHAIL, A.C.A. (SECRETARY)

BG/BW.

3rd July 1962.

Mrs. Eileen Beasley,
Allt Siaffre,
2, Yr Allt,
Llangennech,
LLANELLI,
Caerfyrddin.

Annwyl Madam,

Diolch am eich llythyr yn holi am fanylion ynghylch a lleithig. Amgeuwn ein catalog a llyfr o batrymau i chwi dewis un. Ceir y model hwn yn Rhestr 'C' Gorchudd Mewnol (inside cover) ac yn Rhestr 'L' (Du neu Arianllwyd) Gorchudd Allanol, cyfuniad deuliw.

Anfonwn gelfi at Messrs. Wm. Davies & Sons, Station Road, Llanelli, o bryd i bryd, ac yr ydym yn siwr y byddent yn barod iawn i'ch helpu ar unrhyw bryd.

Yr eiddoch yn gywir.
CHRISTIE-TYLER LIMITED.

B.A. Graham.

Y llythyr oddi wrth Christie-Tyler.

dros hawliau merched dibriod i gael cadw'u babanod. Hwn oedd y cyfnod pan fyddai merched dibriod dan bwysau i roi eu plant i gael eu mabwysiadu. Roedd Eileen yn athrawes ysgol Sul i ferched yn eu harddegau, ac yn gweld y driniaeth ofnadwy yma yn digwydd i ferched yn ei chymuned. Mewn un achos o'r fath, gweithiodd Eileen a Trefor yn galed i berswadio rhieni'r ferch ifanc ganiatáu iddi hi a'r babi gael aros gartref ac i'r rhieni helpu i fagu'r plentyn. Roedden nhw'n ymwelwyr cyson â'r cartref, yn llwytho'r babi ag anrhegion, ac yn ofalus i ddangos i bawb eu bod nhw'n sefyll gyda'r teulu bach, gan bwysleisio mai testun llawenydd, nid gwarth, oedd geni pob plentyn.

Mewn achos arall, cyflogodd Eileen fam ddibriod i'w helpu gyda'r gwaith tŷ, er mwyn iddi gael rhywfaint o gynhaliaeth. Doeddwn i ddim yn deall pam oedd ar Mam angen rhywun i helpu yn y tŷ gan ei bod yn wraig tŷ llawn amser, a dim llawer o ddodrefn yno i'w glanhau beth bynnag ers i'r beiliaid wagio'r parlwr bach. Ar achlysur dadorchuddio'r plac ar y bwthyn bach yn Llangennech, daeth hen wraig ymlaen ata i, gan ddweud mai hi oedd y fam ddibriod honno, ac mor ddiolchgar oedd hi o gefnogaeth Eileen oedd wedi bod yn gefn iddi a'i galluogi i gadw ei babi. Daliodd hi yn dynn yn fy llaw drwy'r seremoni.

Fel Cynghorydd, bu Eileen yn ymladd i sicrhau fod merched dibriod a chyplau ifanc digartref yn cael blaenoriaeth ar y rhestr tai cyngor. Bryd hynny, roedd llawer o gwyno fod Cynghorwyr llwgr yn defnyddio'u dylanwad i gael tai cyngor i'w ffrindiau, ar draul pobl mwy haeddiannol, ac roedd nifer o bobl Llangennech yn dod i weld Eileen i adrodd am eu problemau yn cael lle i fyw, gydag Eileen yn gwneud ei gorau i'w helpu. Dyma pryd roedd Eileen yn gweld colli'r dodrefn o'r parlwr bach yn fwy na dim, oherwydd doedd dim lle preifat i drafod materion sensitif gyda'r plant o gwmpas. Rhaid oedd i Trefor bryd hynny fynd â ni'r plant allan am dro hir, hyd yn oed os oedd y tywydd yn arw, er mwyn i Eileen a'i hymwelwyr gael llonydd yn y gegin.

Roedd Trefor yntau yn brysur gyda'i waith gwirfoddol yn y pwll glo fel ysgrifennydd iawndal yr Undeb. Byddai'n ceisio helpu unrhyw weithiwr fyddai wedi'i anafu yn y gwaith, neu a oedd yn sâl oherwydd effaith y llwch glo ar ei ysgyfaint, a lle nad oedd y Bwrdd Glo yn fodlon rhoi iawndal, neu iawndal digonol iddo. Flynyddoedd wedi ymddeol, dywedodd Trefor mai'r peth yr oedd falchaf iddo'i wneud ar hyd ei fywyd oedd ymladd achosion gwragedd gweddw oedd â'u gwŷr wedi marw o effaith llwch glo pan nad oedd yr awdurdodau yn fodlon cymryd cyfrifoldeb. Roedd llawer o'r gwaith yma wrth gwrs, fel yn hanes ymdrechion Eileen o blaid mamau dibriod, o natur sensitif a chyfrinachol, felly does dim modd adrodd unrhyw straeon difyr am achosion unigol. Ond mae'n dangos nad pobl un crwsâd oedd Trefor ac Eileen, a bod brwydr y dreth yn un peth ymhlith patrwm ehangach o ymdrechu ar ran eu cymuned.

Er na welwyd llawer o effaith ar y pryd ar statws y Gymraeg ar ôl ennill brwydr y dreth, newidiodd hynny ymhen rhyw ddwy flynedd gyda darlith radio enwog Saunders Lewis. Roedd Saunders wedi cael ei wahodd i draddodi darlith Dydd Gŵyl Dewi 1962 gan y BBC, ac roedd am fanteisio ar y cyfle i bledio pwysigrwydd yr iaith Gymraeg fel y pwnc pwysicaf y dylai Cymry fod yn ymgyrchu o'i blaid. Hwn oedd cyfnod y gostyngiad serth yn y niferoedd oedd yn medru siarad Cymraeg, ond eto, ennill hunanlywodraeth i Gymru oedd y peth pwysicaf ym meddwl cenedlaetholwyr y pryd hynny. Dim ond yn raddol y daethpwyd i sylweddoli nad oedd modd aros hyd nes i Gymru gael ei Llywodraeth ei hun cyn mynd ati i achub yr iaith. Dyma oedd prif fyrdwn darlith Saunders, gan ddatgan "Mae'r iaith yn bwysicach na hunan-lywodraeth." Roedd achub yr iaith yn fater o frys, gan y byddai o bosib wedi marw cyn i unrhyw ddulliau cyfansoddiadol o blaid yr iaith lwyddo. Rhaid felly oedd troi at ddulliau tor-cyfraith o weithredu: "trwy ddulliau chwyldro yn unig y mae llwyddo".

Roedd peth trafodaeth o fewn Plaid Cymru ynghylch defnyddio dulliau anghyfansoddiadol o weithredu, ac roedd hynny wedi digwydd weithiau fel yn achos y brotest yn

Nhrawsfynydd yn 1951 yn erbyn sefydlu gwersyll milwrol yno. Rhwystrwyd mynediad i gerbydau drwy eistedd ar draws y ffordd, (protest y bu Trefor ac Eileen yn rhan ohoni gydag Eileen yn feichiog gydag Elidyr ar y pryd), ond dilyn y llwybr cyfansoddiadol wnaeth y Blaid yn y diwedd. Roedd gweithred Saunders ynghyd â Lewis Valentine a D.J. Williams yn llosgi'r Ysgol Fomio ym Mhen Llŷn yn 1936 i'w gweld yn fethiant ym marn Saunders fel tacteg i ddeffro'r genedl, felly ble oedd e'n mynd i gael hyd i esiampl o weithredu tor-cyfraith addas i alw ar bobl i ymgyrchu o blaid yr iaith? Yr ateb oedd yn ymgyrch Trefor ac Eileen i gael papurau'r dreth yn Gymraeg, a'u tacteg o beidio talu'r dreth na'r dirwyon hyd nes cael biliau dwyieithog, gan adael i'r bwmbeiliaid fynd â'u heiddo yn lle hynny. Roedd Saunders wedi gwneud ymchwil manwl ar gyfer ei ddarlith, ac mae dau lythyr o'i eiddo at Trefor ac Eileen yn holi hanes y frwydr er mwyn cael y manylion yn gywir, wedi'u cadw yn y Llyfrgell Genedlaethol yn Aberystwyth. Eileen a'i hatebodd, gan mai hi fyddai'n ysgrifennu llythyrau fel arfer ar ran y ddau, felly pan draddododd Saunders ei ddarlith, yr oedd y ffeithiau moel wedi'u gwirio ganddo a rhoddodd grynodeb o'r ymgyrch gyfan yn y ddarlith:

> A gaf i alw eich sylw chi at hanes Mr a Mrs Trefor Beasley. Glöwr yw Mr Beasley. Yn Ebrill 1952 prynodd ef a'i wraig fwthyn yn Llangennech gerllaw Llanelli, mewn ardal y mae naw o bob deg o'i phoblogaeth yn Gymry Cymraeg. Yn y cyngor gwledig y perthyn Llangennech iddo y mae'r cynghorwyr i gyd yn Gymry Cymraeg: felly hefyd swyddogion y cyngor. Gan hynny, pan ddaeth papur hawlio'r dreth leol atynt oddi wrth *The Rural District Council of Llanelly*, anfonodd Mrs Beasley i ofyn am ei gael yn Gymraeg. Gwrthodwyd. Gwrthododd hithau dalu'r dreth nes ei gael. Gwysiwyd hi a Mr Beasley dros ddwsin o weithiau gerbron llys yr ustusiaid. Mynnodd Mr a

Mrs Beasley fod dwyn y llys ymlaen yn Gymraeg. Tair gwaith bu'r beilïod yn cludo dodrefn o'u tŷ nhw, a'r dodrefn yn werth llawer mwy na'r dreth a hawlid. Aeth hyn ymlaen am wyth mlynedd. Yn 1960 cafodd Mr a Mrs Beasley bapur dwyieithog yn hawlio'r dreth leol oddi wrth Gyngor Dosbarth Gwledig Llanelli, a Chymraeg y bil lawn cystal â'i Saesneg.

Mae galwad Saunders Lewis o blaid gweithredu uniongyrchol i achub y Gymraeg wedi'i seilio yn fanwl iawn ar yr ymgyrch hon felly:

> Dengys esiampl Mr a Mrs Beasley sut y dylid mynd ati... Eler ati o ddifri a heb anwadalu i'w gwneud hi'n amhosibl dwyn ymlaen fusnes llywodraeth leol na busnes llywodraeth ganol heb y Gymraeg. Hawlier fod papur y dreth yn Gymraeg neu yn Gymraeg a Saesneg. Rhoi rhybudd i'r Postfeistr Cyffredinol na thelir trwyddedau blynyddol oddieithr eu cael yn Gymraeg. Mynnu fod pob gwŷs i lys yn Gymraeg. Nid polisi i unigolion, un yma, un acw ar siawns mo hyn. Byddai gofyn ei drefnu a symud o gam i gam gan roi rhybudd a rhoi amser i gyfnewidiadau. Polisi i fudiad yw ef a'r mudiad hwnnw yn yr ardaloedd y mae'r Gymraeg yn iaith lafar feunyddiol ynddynt. Hawlio fod pob papur etholiad a phob ffurflen swyddogol yn ymwneud ag etholiadau lleol neu seneddol yn Gymraeg. Codi'r Gymraeg yn brif fater gweinyddol y dosbarth a'r sir.

Yr eironi wrth gwrs yw na chlywodd Trefor ac Eileen eu hunain y ddarlith radio – doedd dim radio ganddyn nhw, gan mai dim ond yn 1963 y prynon nhw eu radio cyntaf, gan ddod ag e adre ar y bws o Landeilo wedi cyfarfod o'r Blaid yno. Ond mae'n siŵr iddyn nhw glywed amdani a'r defnydd o'u hymgyrch hwy yn ddigon buan wrth i genedlaetholwyr ifanc droi atyn nhw am gyngor a chefnogaeth. Mae Geraint Jones yn ei lyfr *Brwydr yr Iaith* (Y Lolfa, 2025) yn sôn sut y cafwyd cyfarfod yn ystod Ysgol Haf Plaid Cymru ym Mhontardulais ddechrau Awst 1962 i drafod creu mudiad iaith newydd. Enwa'r deuddeg oedd ar ôl erbyn diwedd y cyfarfod a sefydlodd y mudiad iaith. Doedd Trefor ac Eileen ddim yn eu plith, roedden nhw wedi gorfod gadael i geisio dal y bws olaf nôl i Langennech. Yn anffodus, fe adawson nhw yn rhy hwyr a cholli'r bws olaf. Bu'n rhaid iddyn nhw, gydag Elidyr a finnau a Frida eu ffrind gerdded y pedair milltir adre yn nhywyllwch y nos!

Ond roedd Trefor ac Eileen wrth eu bodd gyda'r mudiad iaith newydd, a enwyd yn ddiweddarach yn Gymdeithas yr Iaith Gymraeg. Er mai mudiad o bobl ifanc a myfyrwyr yn bennaf oedd e ar y dechrau, roedd Trefor ac Eileen yn gyfforddus iawn yn eu cwmni, ac yn mwynhau eu croesawu i'r bwthyn bach ar yr Allt yn Llangennech. Yno byddai arweinwyr fel Cynog Dafis, Geraint Jones ac Emyr Llew yn gwasgu i mewn i'r gegin i drafod pethau (doedd dim dodrefn o hyd yn y parlwr bach), a dechreuwyd gwahodd Trefor ac Eileen hefyd i annerch cyfarfodydd myfyrwyr yn Aberystwyth.

Anaml iawn y byddai Trefor ac Eileen yn cael neb i'n gwarchod, a byddai Elidyr a fi yn mwynhau mynd gyda nhw i'r cyfarfodydd, yn enwedig os caem ambell i drip i Aberystwyth. Techneg Trefor o'n difyrru yn ystod y cyfarfodydd oedd newid papur punt yn ddarnau ceiniog a'u rhoi i ni, a'n gadael yn rhydd am awr ar y peiriannau ffair oedd yn Neuadd y Brenin ar y prom bryd hynny. Roedd Eileen yn dwrdio, ond troi llygad ddall wnâi hithau mewn gwirionedd. Weithiau byddai Trefor yn mynd i Aberystwyth ar ei ben ei hun tra oedd Eileen adre gyda ni. Bryd hynny câi Trefor gysgu ar lawr rhai o'r myfyrwyr, ac fel un na chafodd erioed gyfle i gael addysg brifysgol, roedd wir yn mwynhau'r cyfleoedd hyn i brofi peth ar fywyd myfyriwr – er ei fod yn cwyno dipyn am arogleuon sanau brwnt yn llety rhai o'r myfyrwyr hynny!

Cynhaliwyd yr Eisteddfod Genedlaethol yn Llanelli yn 1962, gyda Dr Noëlle Davies a Dr Ceinwen Thomas yn dod i aros at y teulu i'r bwthyn bach ar yr Allt. Roedd hi'n wythnos fythgofiadwy, gyda digon o frechdanau a fflasg o goffi yn cael eu paratoi bob dydd i arbed gorfod prynu bwyd a diod yno. Roedd Eileen yn hoff iawn hefyd o'r 'ysgytlaeth' – gair a fathodd hi ei hun, oedd yn cael ei werthu ar stondinau'r Bwrdd Marchnata Llaeth ar y maes. Mae'n debyg i'r gair 'ysgytlaeth" ddod yn air cyffredin oherwydd i Eileen bwyso ar y Bwrdd Marchnata Llaeth i wneud hysbysebion Cymraeg i hyrwyddo eu cynnyrch ac iddyn nhw ei ddefnyddio ar eu stondinau yn yr Eisteddfod.

Erbyn 1962 fodd bynnag, roedd mater arall yn dechrau pwyso'n drwm ar Trefor ac Eileen. Roedd Elidyr erbyn

Clip o ffilm Berian Williams o Trefor ac Eileen yn mwynhau picnic yn Eisteddfod 1962.

hynny yn ddeg oed, a byddai'n bryd iddo gychwyn yn yr ysgol uwchradd. Ond pa ysgol ddylai honno fod? Er eu bod nhw wedi ein danfon ni i'r ysgol gynradd Gymraeg yn Llanelli, yn hytrach nag i ysgol Llangennech, oedd yn Seisnigaidd iawn bryd hynny, doedd dim dilyniant i gael o ran addysg uwchradd Gymraeg yn y dref. Y dewis yno oedd Llanelly Grammar School for Boys, Llanelly Grammar School for Girls, St John Lloyd Catholic School neu, os oeddech chi'n methu'r 'eleven plus', y Coleshill Secondary Modern School a'r Stebonheath Secondary Modern School.

Ysgrifennodd Eileen at y Cyngor Sir i weld a oedd modd cael addysg cyfrwng Cymraeg yn unrhyw le yn Sir Gaerfyrddin, ond negyddol oedd yr ateb. Ffurfiwyd pwyllgor i ymladd dros addysg uwchradd Gymraeg yn sir Gaerfyrddin, gydag Eileen yn ysgrifennydd iddo, ond doedd dim symud ar y Cyngor Sir. Cafwyd cyfarfodydd cyhoeddus i bwyso ar y Cyngor Sir, ond unwaith eto, negyddol oedd eu hateb. Tua'r adeg yma prynodd Eileen beiriant bando bach ail law i helpu gwneud taflenni a hysbysiadau i'w dosbarthu am gyfarfodydd oedd i ddod. Doedd e ddim yn beiriant hawdd i'w ddefnyddio, ac os nad oeddech chi'n pwyso'n ddigon cyson arno byddai gormod neu rhy ychydig o inc yn dod trwodd. Er hynny byddai Elidyr a fi yn cael helpu weithiau i gynhyrchu'r taflenni hyn, ac roedd hi'n ddyfais ddigon blaengar yn ei dydd.

Yn y cyfamser, roedd yr ysgol uwchradd cyfrwng Cymraeg gyntaf yn y de, Ysgol Gyfun Rhydfelen, wedi'i hagor ym Mhontypridd ym Medi 1962. O weld nad oedd dewis arall yn nes adre, penderfynodd Trefor ac Eileen symud i'r dalgylch i fyw fel y gallem ni fynychu'r ysgol honno.

Dyna gychwyn ar ddwy flynedd anodd o fod ar wahân i'r teulu, rhwng 1963 ac 1965. Roedd symud yn golygu cael

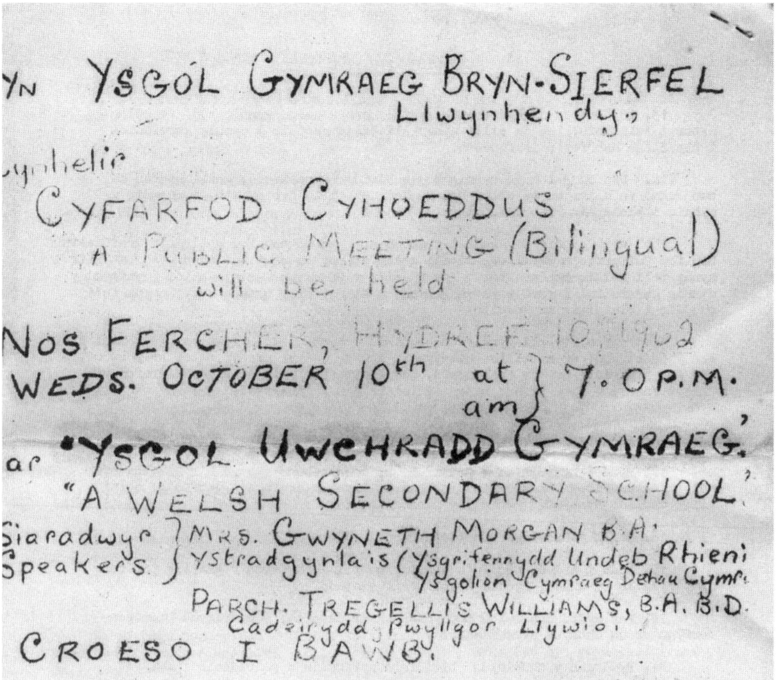

YN YSGOL GYMRAEG BRYN-SIERFEL
Llwynhendy
ynhelir
CYFARFOD CYHOEDDUS
A PUBLIC MEETING (Bilingual)
will be held
NOS FERCHER, HYDREF 10, 1962
WEDS. OCTOBER 10th at / am 7.0 P.M.
ar "YSGOL UWCHRADD GYMRAEG."
"A WELSH SECONDARY SCHOOL."
Siaradwyr / Speakers: MRS. GWYNETH MORGAN B.A. Ystradgynlais (Ysgrifennydd Undeb Rhieni Ysgolion Cymraeg Dehau Cymr.
PARCH. TREGELLIS WILLIAMS, B.A. B.D. Cadeirydd Pwyllgor Llywio.
CROESO I BAWB.

Hysbysiad wedi'i gynhyrchu gyda'r peiriant bando, yn llawysgrifen Eileen.

swydd a chartref yn sir Forgannwg, ac nid peth hawdd oedd gwneud hynny dros nos. Er mwyn cael dechrau'n brydlon yn Rhydfelen ym Medi 1963, fe anfonwyd Elidyr i letya gyda Modryb May, chwaer Trefor, oedd yn byw yng Nghaerffili. Roedd hwnnw'n gyfnod hapus i Elidyr, oedd yn cael cwmni rhai o bum plentyn Modryb May oedd yn dal yn byw adre ar y pryd. Ond dirywiodd iechyd Modryb May yn sydyn yn y cyfnod hwn, a bu farw yn fuan wedyn. Rhaid oedd cael hyd i lety arall i Elidyr, ac am gyfnod bu'n byw gyda Dr Ceinwen Thomas a'i mam. Doedd hyn ddim yn drefniant mor gydnaws i fachgen 11 oed, a buan yr aeth Elidyr i aros at deuluoedd gwahanol ffrindiau yn ystod yr wythnos ysgol. Erbyn Medi 1964 roedd Eileen wedi llwyddo i gael swydd fel athrawes Gymraeg a Ffrangeg yn y Pontypridd Grammar School for Girls, gan fod sir Forgannwg, yn wahanol i sir Gaerfyrddin, yn caniatáu i wragedd priod fod yn athrawon. Bu Eileen ac Elidyr yn lletya mewn gwahanol dai ar rent yn Ynys y Bwl a Phontypridd, cyn i'r teulu lwyddo i brynu tŷ yn Llanharan – rhif 2 Pentwyn, tŷ mewn lleoliad anghyfleus ar hyd ffordd gul a serth uwchben y pentref, ond roedd yn rhad, ac roedd yno ardd fawr a lle i gadw gafr.

Yn y cyfamser, roedd Trefor yn gadeirydd Cyfrinfa Lo'r Morlais, ac yn awyddus i orffen ei dymor yn y swydd cyn gadael y pwll glo. Gallai fod wedi cael swydd wedyn yn un o byllau glo'r Rhondda oedd yn dal ar agor bryd hynny, ond roedd Eileen a ni'r plant yn daer yn erbyn hynny. Doedd gan Trefor ychwaith fawr o awydd parhau fel glöwr. Ychydig flynyddoedd ynghynt roedd wedi colli un o'i ffrindiau bore oes, Graham Coslett, mewn damwain ym mhwll glo'r Morlais, a byddai Elidyr yn ei atgoffa o hynny bob tro yr aent heibio mynwent yr eglwys yn Llangennech lle roedd wedi'i gladdu. Addefodd Trefor mai cael a chael oedd hi iddo beidio rhoi'r gorau i weithio yn y pwll bryd hynny, a daeth y cyfle gydag Eileen nawr yn ennill cyflog. Roedd y ddau o flaen eu hoes yn eu hagwedd at gynnal teulu beth bynnag, gyda Trefor yn fodlon iawn i fod adre'n cadw tŷ i'w wraig gael mynd yn ôl i ddysgu. Roeddem ni fel plant wrth ein bodd hefyd gyda'r trefniant hwn, gan fod Trefor yn dipyn gwell cogydd nag Eileen, a safon y prydau bwyd – a'r teisennau – wedi codi llawer felly yn sgil y newid swyddi.

Ond roedd dwy flynedd o wahaniaeth oed rhwng Elidyr a finnau, a doeddwn i ddim yn awyddus i orfod symud i ysgol gynradd arall am fy mlwyddyn olaf cyn mynd i Rydfelen. Cefais ddewis beth oeddwn i am wneud, a phenderfynais fynd i fyw at modryb Gwyneth ac ewyrth Maldwyn, oedd yn byw yn Llangennech, ac yn ddi-blant. Fel hyn, gallwn barhau i fynd i Ysgol Dewi Sant Llanelli yn hytrach na newid ysgol am y flwyddyn olaf o'm haddysg gynradd. Yn anffodus, bu farw Ewyrth Maldwyn yn drychinebus o sydyn ychydig ddyddiau cyn 'mod i fod i symud atyn nhw i fyw. Symudais i fyw at Modryb Gwyneth yr un fath, a symudodd Trefor yno hefyd am ychydig, er mwyn helpu ei chwaer dros y gwaethaf o'r cyfnod anodd hwn. Gyda Gwyneth a Maldwyn roedd Trefor wedi cartrefu o'r cyfnod iddo golli'i rieni hyd nes iddo symud i'r bwthyn ar yr Allt ar ôl priodi.

Roedd un mater arall yn mynnu sylw Trefor cyn gadael Llangennech. Ym mis Hydref 1964 cafwyd Etholiad Cyffredinol, ac ymgeisydd Plaid Cymru yn etholaeth Llanelli oedd Dr Pennar Davies. Eirwyn Morgan oedd ymgeisydd y Blaid yn yr etholiad blaenorol, gyda Trefor yn asiant etholiadol iddo. Ond roedd Eirwyn bellach wedi symud i'r gogledd i fyw, a Trefor yn teimlo'i golled yn fawr. Cytunodd i fod yn asiant i'r Blaid unwaith eto felly, yn gweithio y tro hwn dros Pennar, a oedd yntau yn ffrind i Trefor ac Eileen. Trefor felly oedd yn trefnu'r ymgyrch yn Llanelli, y cyfarfodydd cyhoeddus, canfasio, posteri, taflenni a'r datganiadau i'r wasg, gan arwain criw bychan bach o wirfoddolwyr heb fanteision ffôn na char, ac yn gorfod gwneud hynny nawr o dŷ ei chwaer oedd newydd ddioddef profedigaeth lem. Dim ond ar y penwythnosau fyddai Trefor ac Eileen yn gweld ei gilydd, ac roedd Eileen erbyn hyn yn ceisio ailafael yn ei gyrfa ddysgu ar ôl bwlch o ddeuddeg mlynedd, yn paratoi gwersi ac yn marcio, a ddim mor rhydd i fod yn weithgar dros y Blaid.

Ynghanol yr holl fynd a dod rhwng sir Forgannwg a Llangennech, penderfynodd Trefor y byddai'n rhaid iddo ddysgu gyrru car. Prynodd hen fan fach A35 werdd yn ail law, a bu'r fan fach yn brysur yn teithio yn ôl ac ymlaen. Trefor oedd y cyntaf o'i holl frodyr a chwiorydd i ddysgu gyrru car, a bu hynny yn help i fynd i brotestiadau a digwyddiadau ledled Cymru maes o law.

Y fan fach werdd gydag Elidyr wrth ei hochr.

Pennod 7

Tua'r dwyrain

ROEDD Y SYMUD i Lanharan yn golygu newid mawr yn amgylchiadau cymdeithasol y teulu. Roedd Llanharan ar y pryd yn bentref ôl-ddiwydiannol gyda'r pwll glo yno wedi cau yn 1962, a'r Gymraeg wedi diflannu bron o'r pentref genhedlaeth yn gynt, er bod capel Annibynnol Cymraeg lle'r ymaelododd Eileen yn dal i lusgo byw yno. Elidyr a fi fyddai'r unig ddau am flynyddoedd fyddai'n dal y bws i Rydfelen ar sgwâr y pentref, gyda gweddill y plant uwchradd yn mynd i wahanol ysgolion y cylch, mewn sefyllfa reit debyg i'r un pan fydden ni'n dal y bws ysgol i Lanelli i'r ysgol gynradd. Roedd yr hen fan fach werdd yn aml yn anelu nôl am Langennech ar y penwythnosau, ond roedd llawer o hen gylch ffrindiau Trefor ac Eileen wedi gwasgaru beth bynnag, Fred Jones ac Eirwyn Morgan wedi mynd i'r gogledd, a Wynne Samuel wedi symud i sir Benfro. Yn raddol, daeth cylch o ffrindiau gwleidyddol arall i gymryd lle prysurdeb Plaid Cymru yng ngweithgarwch Trefor ac Eileen.

Wnaeth Trefor ddim parhau gyda'i aelodaeth o Blaid Cymru ar ôl gadael Llangennech. Roedd Trefor ac Eileen ill dau yn pleidio gweithredu'n uniongyrchol yn y cyfnod pan fu dadlau ffyrnig o fewn y Blaid ynghylch a ddylai ddilyn dulliau cyfansoddiadol o ymgyrchu – sef i bob pwrpas ymladd etholiadau lleol a chenedlaethol yn unig – neu a ddylai ddefnyddio dulliau tor-cyfraith a gweithredu uniongyrchol. Roedd y ddau wedi'u siomi na weithredodd y Blaid yn fwy effeithiol a phendant yn achos boddi cwm Tryweryn, er bod Eileen yn cydymdeimlo gyda deilema Gwynfor Evans ac yn edmygu ei aberth bersonol a'i weithio diflino dros y Blaid. O ran eu gweithredu eu hunain yn achos brwydr y dreth, er mai aelodau o Blaid Cymru oedd eu cefnogwyr a'r ffrindiau a'u cynhaliodd ar hyd y daith, wnaethon nhw ddim gofyn na disgwyl i'r Blaid fel corff weithredu fel rhan o'r ymgyrch. Cynorthwyodd Gwynfor Evans hwy bryd hynny i gael manylion costau argraffu ffurflenni treth dwyieithog yn ei ateb i lythyr Eileen, ond fu yna ddim gofyn na sôn am i'r Blaid wneud mwy na hynny.

Roedd Trefor ac Eileen yn dal yn ffyddlon i weithgareddau'r Blaid yn sir Forgannwg ar ôl symud, gyda'r ddau yn mynd i unrhyw gyfarfod cyhoeddus, neu ddigwyddiad codi arian ac ati oedd yn cael eu cynnal gan y Blaid. Yn eironig ddigon, er nad oedd Trefor bellach yn aelod ffurfiol o'r blaid, byddai'n fwy rheolaidd yn y cyfarfodydd hyn nag Eileen, oedd yn gweithio oriau maith yn paratoi gwersi a marcio gwaith disgyblion. Gallai Trefor ei hun fwynhau mwy o ddigwyddiadau cymdeithasol erbyn hynny. Bu cyfres o nosweithiau darllen barddoniaeth yn Saesneg yng ngwesty'r Angel, ac un a ddarllenai ei farddoniaeth yno'n rheolaidd oedd Harri Webb, bardd Eingl-Gymreig a ffrind afieithus arall i Trefor. Un tro, roedd Trefor wedi gadael i'w wallt dyfu braidd yn hir, ac roedd ganddo got croen dafad eithaf bohemaidd yr olwg. Roedd hefyd erbyn hynny yn smygu pib oedd yn troi am i lawr, yr un fath â phib Sherlock Homes. Trodd rhyw hen wraig ddigon ariannog yr olwg ato a gofyn "Oh, are you a poet too?" Tynnodd Trefor ei bib allan o'i geg yn hamddenol, ac ateb yn ei Saesneg gorau, "Only in the vernacular." Chlywodd e mo'i diwedd hi gan y teulu!

Roedd Trefor yn fawr ei gefnogaeth o Glyn James fel ymgyrchydd Plaid Cymru yn y Rhondda, ac ym marchnad Pontypridd un prynhawn Sadwrn roedd y camerâu teledu yno yn ei ffilmio'n canfasio pan nad oedd neb arall gydag e yn ei gefnogi, a fawr neb yn talu unrhyw sylw iddo. Aeth Trefor ymlaen at Glyn o flaen y camerâu, gwneud sioe fawr o ysgwyd ei law a fy nghyflwyno i iddo, wedyn rhedeg ymlaen ychydig lathenni drwy'r farchnad, ailymddangos unwaith eto a fy nghyflwyno i iddo'r eilwaith, ac felly ymlaen drwy'r farchnad i gyd, i geisio rhoi'r argraff fod yna lawer o gefnogwyr yn dod i'w gyfarch – roedd Trefor wastad ag un llygad ar bosibiliadau cyhoeddusrwydd a chyfle i'r camera!

Ond roedd y symud i Lanharan yn cyd-ddigwydd yn ddigon twt gyda dechrau ymgyrchoedd o ddifrif Cymdeithas yr Iaith, ac fe symudodd canolbwynt gweithredu Trefor ac Eileen yn ddestlus iawn i'r cyfeiriad hwnnw. Roedd rhai o arweinwyr y Gymdeithas fel Gwyneth Wiliam, Geraint Jones a Neil ap Siencyn wedi cael swyddi yn ardal Pontypridd, ac yn nes ymlaen symudodd eraill fel Gareth Miles yno hefyd. Daeth yr ymgyrchwyr ifanc a brwd hyn yn ffrindiau a chyd-weithredwyr iddyn nhw.

Ymhen ychydig, cafodd Trefor waith fel gofalwr yn Amgueddfa Werin Sain Ffagan, a symudodd Eileen hithau i fod yn athrawes yn Ysgol Gyfun Rhydfelen. Doedd dim angen rhiant adre gydag Elidyr a finnau erbyn hyn, gan ein bod ni yn ein harddegau. Roedd yr Amgueddfa Werin dan y pennaeth Iorwerth Peate yn sicrhau fod y gofalwyr yno i gyd yn medru'r Gymraeg, ac roedd anghenion diogelwch yn mynnu fod angen staff yno bedair awr ar hugain i warchod y lle. Er bod Trefor wedi arfer â phatrwm shifftiau yn y gwaith glo: 'tyrn bore', 'tyrn prynhawn' a 'tyrn nos', roedd patrwm shifftiau Sain Ffagan yn fwy cymhleth, gyda chylchdro o saith wythnos i gyd (a symleiddiwyd yn ddiweddarach yn batrwm pum wythnos), ac roedd yn rhaid gweithio Sadwrn a Sul hefyd yn eu tro. Roedd shifft prynhawn Sul yn un arbennig o fyr, ac weithiau byddwn i ac efallai gweddill y teulu yn mynd i Sain Ffagan gydag e bryd hynny i fwynhau'r amgueddfa a'r gerddi.

Roedd amrywiaeth diddorol o ddynion yn ofalwyr yno ar y pryd oherwydd y gofyniad iaith, rhai ohonyn nhw yn gyn-lowyr o'r Rhondda, rhai yn siaradwyr lleol gyda thafodiaith hyfryd y Wenhwyseg o hyd, a rhai yn adar brith nad oedd yn ffitio'n dwt yn unrhyw le. Un a ddaeth yn gyfaill agos i Trefor oedd cefnder J.R. Jones yr athronydd, yntau yn un

Eileen, Elidyr a fi yn Sain Ffagan un prynhawn Sul.

Trefor a J.R. Jones yn Eisteddfod y Bala 1967.
Hawlfraint Tudur Owen.

Trefor yn trafod gyda'r athronydd J.R. Jones.
Hawlfraint Tudur Owen.

arall o'i ffrindiau. Roedd y cefnder yn pregethu yng nghapeli Cymraeg Morgannwg yn aml ar y Sul, ond yn anghofus y tu hwnt. Dysgodd yrru car ac aeth yn ei Forris Minor newydd i bregethu i'r Rhondda un Sul. Anghofiodd fod ganddo gar, a mynd yn ôl i Gaerdydd ar y trên! Mawr oedd ei ofid yn adrodd yr hanes wrth Trefor, ac ni pharhaodd y Morris Minor yn hir wedyn.

Os oedd y patrwm shifftiau yn gymhleth a'r gweithio penwythnos yn ddiflas, un oedd yn dygymod yn iawn â hynny oedd Mot y ci. Pan oedd yr Amgueddfa ar gau, câi Mot ddod gyda Trefor i'r gwaith, a gweithredu fel math o gi gwarchod. Doedd Mot ddim yn cael unrhyw drafferth yn cadw patrwm y cylch saith wythnos yn ei ben, a phan ddeuai hi'n amser y shifft dros nos, byddai wedi cyffroi'n lân cyn i'r shifft gyntaf gychwyn. Un nos Sul olau leuad daeth Mot ar draws lleidr yn ceisio dwyn arian o ffynnon y castell yn Sain Ffagan. Roedd y lleidr wedi tynnu'i ddillad i gyd cyn mentro plymio i'r ffynnon, a phan redodd Mot ar ei ôl gan gyfarth yn wyllt, rhedodd y lleidr i ffwrdd yn noeth, gan adael ei holl ddillad ar lan y ffynnon. Cafodd Trefor flas ar adrodd yr anturiaeth hon i weddill y teulu!

Wrth i brysurdeb ymgyrchoedd Cymdeithas yr Iaith gynyddu, roedd galw ar i Trefor ac Eileen siarad yn y gwahanol brotestiadau a gorymdeithiau. Mae Geraint Jones yn dyfynnu yn ei gyfrol *Brwydr yr Iaith* ran o araith Eileen y tu allan i garchar Abertawe 7 Mai 1966 pan oedd Geraint yn garcharor yno – y cyntaf i gael ei garcharu dros yr iaith. Meddai Eileen, "Nid amser i besgi yw hi, nac i wenu'n foesgar, ond i dorchi llewys. Penderfyniad! Dyna'r deinameit yma." Holwyd Trefor gan *Y Cymro* hefyd yn yr un brotest, ac meddai yntau, "Mae Geraint yn cael ei garcharu yn enw'r genedl, a'i achos ef yw ein hachos ni. Brwydrau fel hyn sy'n mynd i ddeffro'r ysbryd cenedlaethol." Doedd

Eileen ddim wir yn gyfforddus yn siarad yn gyhoeddus, a phan fyddai raid iddi wneud, byddai'n paratoi'n drylwyr ac yn ysgrifennu ei haraith allan yn ofalus. Roedd Trefor ar y llaw arall, wedi'i hyfforddi i siarad 'ar ben y pwll' yn y gwaith glo, yn ei elfen yn siarad yn fyrfyfyr, a gallai gamu i'r adwy pan oedd angen mewn cyfarfodydd cyhoeddus.

Ychydig yn ddiweddarach yr un flwyddyn, ar Fehefin 11, Trefor oedd yn areithio mewn cyfarfod i gefnogi Gwyneth Wiliam, oedd newydd ei rhyddhau o'r carchar, y ferch gyntaf i gael ei charcharu dros yr iaith. Roedd Trefor ac Eileen yn hoff iawn o Gwyneth, ac yn llawn edmygedd ohoni. Pleser pur iddyn nhw ar ôl unigrwydd eu safiad yn Llangennech oedd cael cylch ifanc, brwdfrydig Cymdeithas yr Iaith o'u hamgylch ym Morgannwg. Roedd yn hyfryd i ni'r plant hefyd, oedd yn mwynhau cyffro'r criw afieithus yma o ffrindiau oedd gan ein rhieni. Areithiodd Trefor yn Gymraeg o flaen cofeb cyfansoddwyr yr anthem genedlaethol ym Mhontypridd, ond wedi i'r orymdaith gerdded at lys ynadon y dref lle dedfrydwyd Gwyneth Wiliam i garchar, areithiodd eto'n fyrfyfyr yn Saesneg, gan fod torf fechan o bobl y dref wedi ymgasglu yn gofyn beth oedd achos y brotest. I ddiweddu'r cyfan arweiniodd Trefor y dorf i ganu Hen Wlad fy Nhadau a'i freichiau ar led. Roedd hi'n rhyfedd iawn gweld Trefor yn arwain y canu gan nad oedd yn gerddor o fath yn y byd, ac anfarwolwyd llun ohono'n gwneud hynny yn un o galendrau Cymdeithas yr Iaith.

Rhyw fis yn ddiweddarach, cafwyd achos dathlu cyffredinol gan genedlaetholwyr. Enillodd Gwynfor Evans y sedd gyntaf i Blaid Cymru yn Senedd Llundain mewn is-etholiad yng Nghaerfyrddin. Roedd Trefor ac Eileen a ni'r plant ar yr orsaf yng Nghaerdydd yn cymeradwyo pan ddaeth y trên heibio yn cario Gwynfor i Lundain. Gyda

Trefor yn arwain 'Hen Wlad fy Nhadau' y tu allan i'r llys ym Mhontypridd yn achos Gwyneth Wiliam. Elidyr y tu ôl iddo yn dal y faner.

ni roedd y Dr Noëlle Davies, gweddw D.J. Davies, erbyn hynny wedi ail ymgartrefu yn Iwerddon, ond draw yng Nghymru ar wyliau, a Dr Ceinwen Thomas. Penderfynodd Dr Ceinwen fod yn rhaid gwneud rhywbeth nodedig i ddathlu'r achlysur, ac aeth y chwech ohonom i'r Royal Hotel yn ymyl i gael te bach moethus gyda sgons a hufen a jam. Roedd yn funud braf i sylweddoli fod y rhod yn troi a bod holl lafur y blynyddoedd efallai yn dwyn ffrwyth.

Wedi hynny, roedd yn fater unwaith eto o ailgydio yn y gweithredu gwleidyddol. Doedd Trefor ac Eileen ddim am adael i'r to ifanc gario holl faich y protestio a'r carcharu.

Ymgyrch i gael treth car yn Gymraeg oedd ymgyrch y Gymdeithas ar y pryd, a'r dull ymgyrchu oedd gwrthod talu'r dreth a gobeithio am achos llys, yna gwrthod talu'r ddirwy a gobeithio am garchar. Doedd Eileen ddim yn gyrru, ond roedd Trefor yn dal i ddefnyddio'r hen fan fach werdd. Cytunodd y ddau na fydden nhw'n talu'r dreth car, ac wedi i'r dreth ar y car ddod i ben, dyma gychwyn ar gyfnod o geisio cael dirwy am yrru'r fan heb dreth. Er gwaethaf ceisio parcio'r fan mewn llefydd amlwg iawn, ar linellau melyn dwbl, yn union y tu allan i swyddfeydd heddlu ac ati, aeth misoedd heibio cyn i Trefor dderbyn gwŷs i ymddangos yn y llys.

O'r diwedd, dechreuodd y gwysion ddod i mewn, un i ymddangos yn y llys yn yr Eglwys Wen, Caerdydd, un arall ym Mhontypridd, ac un arall ym Mhort Talbot. Talodd ddirwy'r Eglwys Wen (£2) am fod y wŷs a'r holl achos wedi bod yn Gymraeg. Thalodd e ddim dirwy Pontypridd (£7), ond talodd rhywun arall drosto. Roedd Trefor yn flin am hynny, ac roedd hyn yn dwyn yn ôl atgofion iddo ef ac Eileen am y rhwystredigaeth adeg brwydr y dreth pan brynodd cefnogwyr diddeall eu piano yn ôl iddyn nhw.

Roedd y tro yma yn waeth na hynny, gan fod Trefor yn amau mai'r 'ffrind' a dalodd ei ddirwy oedd Iorwerth Peate, ei gyflogwr yn Amgueddfa Werin Sain Ffagan. Ar y llaw arall, cyfansoddodd Iorwerth Peate gerdd 'I Trefor Beasley yng Ngharchar' (gw. yr Atodiad) ac fe'i cyhoeddwyd yn *Baner ac Amserau Cymru*. Anodd gwybod erbyn hyn a oedd amheuon Trefor yn gywir ai peidio. A dalodd Iorwerth Peate y ddirwy i osgoi sgandal i'r Amgueddfa Werin, neu a oedd Trefor yn ei amau ar gam?

Dirwy o £5 gafodd y trydydd tro, a dim gair o Gymraeg yn cael ei ganiatáu yn y llys. Yn y diwedd, dedfrydwyd Trefor gan y llys ym Mhort Talbot ar Chwefror 22, 1967 i saith diwrnod o garchar, os na thalai'r ddirwy o £5. Roedd yn 48 oed ar y pryd. Gyda'i reddf arferol am y gweithredoedd dramatig, trodd Trefor ei gefn ar yr ynad oedd yn gwrando'r achos, nes peri fod hwnnw yn ei ddagrau yn pledio ag ef i gymryd rhan. Doedd hyn ddim yn hawdd i Trefor ychwaith, gan fod yr ynad, Bert Griffiths, yn gyd-undebwr llafur ag ef ac yn ddyn a barchai'n fawr.

Y diwedd fu fodd bynnag iddo gael ei gymryd i garchar, ac yno y bu am wythnos nes ei ryddhau ar fore Chwefror 28, 1967.

Efallai fod y cyfnod byr dan glo yn haws i Trefor nag i rai o aelodau ifanc llednais y Gymdeithas, gan ei fod wedi arfer â chymeriadau go arw yn y pwll glo. Dynion trist ac anffodus oedd nifer o'i gyd-garcharorion yn ôl Trefor,

Rhyddhau Trefor o garchar Abertawe, llun o'r *Western Mail*, Mawrth 1, 1967.

ac adroddodd yr hanes am un cyd-garcharor oedd wedi'i garcharu am losgach â'i ferch ac yr oedd y carcharorion eraill yn ei ffieiddio. Cymeriad pathetig iawn oedd hwnnw mae'n debyg, gydag elfen gref o salwch meddwl yn perthyn iddo. Cynigodd losin i Trefor mewn hen fag papur brwnt, "please Trefor, take one," ac roedd gan Trefor gymaint o drueni drosto nes iddo gymryd un yn y diwedd a dweud "oh, these are my favourites," er eu bod yn fflwff ac yn faw i gyd.

Tua'r adeg hon fodd bynnag, dechreuodd y draul o weithio dan ddaear am flynyddoedd, a hynny yn aml mewn dŵr hyd ei arrau, effeithio ar iechyd Trefor. Roedd yn dioddef o wynegon, neu gryd cymalau, yn mynd yn fyr ei wynt, ac yn ei chael hi'n fwy anodd gyrru o gwmpas fel y gwnâi gynt. Yn waeth na dim, yn 1970, cafwyd y newyddion syfrdan fod Eileen yn dioddef o ganser. Roedd wedi darganfod lwmp ar ei bron, ac er mynd yn syth at y meddyg, roedd y canser wedi ymledu'n rhy bell i dynnu'r fron. Roedd yn ergyd ofnadwy i Trefor, ond yna fe gynigiwyd triniaeth arloesol newydd i Eileen, sef cwrs dwys o radiotherapi fyddai'n golygu aros mewn ysbyty am chwe mis, heb addewid o wellhad. Gwella fu ei hanes yn y diwedd, a'r teulu cyfan yn teimlo eu bod wedi cael dihangfa wyrthiol.

Yn fuan wedyn symudodd Trefor o'r Amgueddfa Werin i weithio fel porthor gyda Bwrdd Ysbytai Cymru yng Nghaerdydd. Doedd hon ddim yn swydd mor drwm, yn golygu gweithio naw tan bump o dydd Llun i ddydd Gwener, heb batrwm shifftiau nos na gorfod cerdded o gwmpas am bellteroedd. Roedd Trefor wrth ei fodd yn gweithio i'r Bwrdd Ysbytai, nid oherwydd natur y gwaith ond oherwydd y gwmnïaeth agos a llawen a geid yno. Er mai di-Gymraeg oedd y rhan fwyaf o'r gweithwyr, roedden nhw'n gwmni rhadlon a hwyliog, gyda nifer ohonynt â'u plant neu eu hwyrion yn mynychu ysgolion Cymraeg ac yn gefnogol iawn i'r iaith. Roedd yn gyfnod o newid agwedd mawr yng Nghymru, ac ar ôl blynyddoedd o frwydro yn erbyn y llif, efallai fod Trefor erbyn hyn yn gallu teimlo fod hinsawdd mwy calonogol yn datblygu.

Roedd Eileen hefyd yn cael modd i fyw fel athrawes yn Rhydfelen, gyda chriw o gyd-athrawon o gyffelyb fryd oedd yn gweithio'n egnïol iawn o blaid y Gymraeg a sicrhau'r addysg orau i'r disgyblion. Dyma'r union fath o weithredu ymarferol oedd wrth fodd calon Eileen, a gwnaeth y gorau o'r cyfle. Weithiau byddai'r athrawon yn mynd ar wyliau gyda'i gilydd, ac Eileen yn mwynhau teithio gyda nhw.

Erbyn 1973 roedd Elidyr a minnau wedi gadael cartref, a Trefor ac Eileen bellach heb gi na gafr. Doedd dim yn eu rhwystro rhag symud i dŷ mwy cyfforddus a hygyrch.

Eileen ar ben camel yn Moroco ar un o dripiau athrawon Rhydfelen.

Symudwyd felly i dŷ modern yn swbwrbia Tonteg, pentref agos at Bontypridd. Am y tro cyntaf roedd ganddyn nhw foethau fel ffôn a gwres canolog yn y tŷ. Roedd Gwyn a Gwen Griffiths a'u teulu o blant hyfryd yn byw ar yr un stryd, a nifer o ffrindiau eraill heb fod ymhell. Byr oedd arhosiad llawer o'r Cymry ifanc yn ardal Pontypridd ar y pryd, gyda llawer yn symud yn ôl i'r gogledd ymhen tipyn wrth i swyddi yn nes adre ddod ar gael iddyn nhw. Ond wrth i rai symud i ffwrdd, deuai Cymry ifainc eraill i gymryd eu lle.

Dyma un o'r cyfnodau hapusaf yn hanes Trefor ac Eileen. Ymaelododd Eileen yng nghapel y Tabernacl, Efail Isaf, lle roedd Eirian Rees yn weinidog. Roedd yno fwrlwm o fywyd yn y capel, a'r festri yn cael ei defnyddio hefyd i gynnal gweithgareddau. Yn 1975 ailsefydlwyd Eisteddfod Godre'r Garth yn y pentref, gyda'r Orsedd mewn traddodiad Ioloaidd iawn yn ymddangos yn eu shîts gwely amryliw o gefn y Carpenters Arms gan honni eu bod wedi bod ar ben Mynydd y Garth yn cynnal eu defodau cyfrin!

Pinacl y cyfan oedd dosbarthiadau nos athroniaeth Meredydd Evans yn festri'r Tabernacl, gyda Trefor yn enwedig yn llawn asbri yn trafod athroniaeth gyda Merêd a gweddill aelodau'r dosbarth. Er nad oedd Trefor yn gapelwr, pan fyddwn i'n dod adre o'r coleg, byddem ni'n mynd ambell dro gyda ffrind i'r offeren Gatholig Gymraeg yn Llanilltud Fawr ym Mro Morgannwg. Dyna lle roedd teulu Harri Pritchard Jones a theulu merch Saunders Lewis yn addoli, a chaem groeso mawr yno. Roedd yna dipyn o dynnu coes fod cael ychydig o Anghydffurfwyr yn y gwasanaeth yn gwneud y byd o les i safon y canu! Roedd rhai yn dweud fod Trefor yn anffyddiwr, ond pwysleisiai ef ei hun mai agnostig ydoedd, yn methu credu nac yn methu gwrthod crefydd chwaith. Câi dipyn o gysur emosiynol mewn Catholigiaeth, er nad oedd ar lefel ddeallusol yn medru'i derbyn. Mewn gwirionedd, roedd ffydd Eileen yn gorfod cario'r ddau ohonyn nhw ar adegau, ond mae'n arwyddocaol mai ei hen ffrind, y Parchedig Fred Jones, a oedd erbyn hynny yn rheithor gyda'r Eglwys yng Nghymru yn Llangefni, ddewisodd Trefor i arwain ei wasanaeth angladdol yn y diwedd.

Er nad oedd iechyd yn caniatáu iddyn nhw deithio rhyw lawer i gefnogi Cymdeithas yr Iaith erbyn hyn, fe gafon nhw hyd i ddull arall o fod yn gefn i'r bobl ifanc, sef estyn croeso i unrhyw rai oedd angen llety aros gyda nhw ar yr aelwyd yn Nhonteg. Os oedd yna brotest neu ymgyrch ymlaen, byddai pob gwely a soffa yn y tŷ yn llawn, ac weithiau doedd dim llawer o le ar ôl ar y llawr ychwaith. Unwaith eto, roedden nhw wrth eu bodd yng nghwmni'r ymgyrchwyr ifanc, a Trefor yn enwedig yn mwynhau cymdeithas myfyrwyr na chafodd e erioed fod yn rhan ohoni pan oedd yn ifanc ei hun.

Parhau i ddirywio oedd eu hiechyd fodd bynnag. Yn 1977 cafodd Trefor drawiad ar y galon. Roedden ni'n dau wedi trefnu mynd i Ffrainc i weld y gêm rygbi ryngwladol ym Mharis gyda thrip o'r gwaith, ond yn y diwedd roedd yn rhy wael i fynd, a daeth Elidyr yn ei le. Y flwyddyn ganlynol roedd trip o'r gwaith yn mynd i weld y gêm rhwng Cymru ac Iwerddon yn Nulyn, a llwyddodd y ddau ohonom ni i fynd bryd hynny, yr unig drip tramor i ni erioed gael gyda'n gilydd.

O gael trawiad ar y galon a chael nifer o brofion i ddilyn, darganfuwyd fod llwch glo ar ysgyfaint Trefor, a'i fod yn dioddef o niwmoconiosis, canlyniad gweithio am 29 mlynedd yn y pwll glo. Dyma ddatrys un dirgelwch a oedd wedi bod yno ers blynyddoedd, sef y diffyg anadl a'r peswch, a'r anhawster cerdded yn bell. Roedd wedi cael

Trefor a fi gyda rhai o gydweithwyr Trefor ar y trip rygbi i Iwerddon, 1978.

profion yn gynt, ond dim byd wedi dangos ar ganlyniadau'r profion bryd hynny. Mae'n rhaid bod profion wedi gwella yn y cyfamser, neu fod y profion am glefyd y galon wedi bod yn fwy trylwyr. Ceisiodd gael iawndal am y niwed, ond doedd Undeb y Glowyr ddim yn fodlon ymladd ei achos am fod cymaint o amser wedi mynd heibio ers iddo adael y pwll glo. Dadl Trefor oedd na allai fod wedi cael llwch glo o unrhyw le arall. Yn awr daeth ei holl brofiad fel ysgrifennydd iawndal y gyfrinfa i'r adwy, ac ymladdodd yr achos iawndal ei hun, ac ennill. Byddai'r ychydig arian iawndal a gâi yn gwneud dipyn o wahaniaeth iddo yn ei ymddeoliad, ac yn caniatáu iddo ef ac Eileen ymddeol yn gynnar.

Pennod 8

Ymddeol i Henllan Amgoed

Y BROBLEM o ddechrau meddwl am ymddeol oedd lle oedden nhw am fyw? Roedd Eileen am symud yn ôl i Langennech, ardal Trefor, a Trefor am symud yn ôl i Henllan Amgoed, ardal Eileen. O edrych yn ôl, mae'n bosib y byddai wedi bod yn well i'r ddau ohonyn nhw aros yn Nhonteg lle roedden nhw mor hapus. Erbyn hynny, er bod ganddyn nhw deulu o hyd yn ardaloedd Llangennech a Henllan Amgoed, roedd llawer o'u ffrindiau yn ardal Pontypridd a Chaerdydd. Roedd yno fwy o fwrlwm cymdeithasol hefyd, a gwell trafnidiaeth gyhoeddus, yn enwedig i Eileen, nad oedd erioed wedi dysgu gyrru car. Ond wnaeth hynny ddim taro'u meddyliau o gwbl. Lle dros dro oedd Morgannwg i fod iddyn nhw o'r dechrau, nid lle i fwrw gwreiddiau, ac roedd y ffordd y deuai rhai o'u cyfeillion ifanc yno yn eu tro ac wedyn dychwelyd adre i'w cynefin, efallai'n atgyfnerthu'r argraff honno.

Roedd y ddau yn gobeithio cael byw yn y wlad unwaith eto, ac yn achos Trefor, roedd yn edrych ymlaen at gael saethu a physgota. Mewn gwirionedd, oherwydd ei iechyd bregus, prin ei fod yn medru cydio mewn dryll nac eistedd ar lan afon i bysgota erbyn hyn, ond roedd y freuddwyd yn dal yno. Yr hyn benderfynodd pethau yn y diwedd oedd i Eileen etifeddu tŷ yn Henllan Amgoed oedd yn y teulu, ar y cyd gyda'i dau frawd. Roedd y tri yn eithaf ffansïo'r tŷ fel lle i ymddeol iddo, a dyma daro ar gynllun i weld pwy fyddai'n cael y tŷ drwy weld pwy fyddai'n cynnig y pris uchaf i brynu'r ddau arall allan. Eisteddodd y tri o gwmpas y bwrdd ac ysgrifennu'r pris fydden nhw'n fodlon ei dalu ar ddarn o bapur a'i ddangos i'r ddau arall. Roedd Llew a John wedi cynnig yr union yr un faint â'i gilydd, ond Eileen wedi cynnig pris ychydig yn uwch. Eileen enillodd felly, a dyma fynd ati i foderneiddio'r hen dŷ, rhoi cegin ac ystafell ymolch i mewn, ac yn Awst 1978 symudodd y ddau i Henllan Amgoed i fyw.

Yn y cyfamser roeddwn i wedi symud i'r gogledd, ond ailadeiladodd Elidyr y tŷ drws nesaf i'n rhieni yn Henllan Amgoed, a symud i fyw y drws nesaf iddyn nhw. Er bod hwn i'r ddau yn gyfnod o iechyd yn dirywio, ac o fethu mynd o gwmpas fel o'r blaen, eto i gyd roedd yn gyfnod llawen wrth i chwech o wyrion gyrraedd yn eu tro. Roedd Trefor yn poeni na allai wneud mwy i fy helpu i yn enwedig, gan fod gen i erbyn hynny dri o blant. Roedd yn gofidio hefyd na fyddai wedi gwneud mwy i helpu gyda'i blant ei hun pan oedden nhw yn fach, er ei fod mewn gwirionedd wedi gwneud llawer iawn mwy na'r rhan fwyaf o dadau ei gyfnod i helpu i'n magu. Un tro, pan oeddwn i'n hwyr yn dod adre a Trefor yn gwarchod y tri ŵyr, sylweddolodd y byddai'n rhaid iddo newid cewyn y babi. Doedd ei ddwylo ddim yn ystwyth iawn erbyn hynny, ond taenodd ddigon o bapur newydd ar lawr, a llwyddo i wneud yn o lew yn ei farn e wrth newid y cewyn. Ond roedd bodyr hŷn y babi yn dipyn mwy beirniadol: "Nid fel 'na mae Mam yn gwneud" oedd eu dyfarniad nhw. Roedd Trefor wrth ei fodd. Weithiau pan fyddai Trefor yn eistedd yn ei gadair yn teimlo'n eithaf di-werth, byddai'r wyrion yn gweld eu cyfle. Bydden nhw'n dewis llyfr ac yn dod ag e draw at dad-cu, a chan bod dad-cu erbyn hyn yn methu eu codi, yn gafael yn ei drowsus ac yn tynnu eu hunain i fyny i eistedd yn ei gôl. Byddai'n rhaid i dad-cu ddarllen y stori iddyn nhw wedyn, a doedd e ddim yn teimlo mor ddi-werth wedi'r cyfan!

Yn 1985 gyda'r Eisteddfod Genedlaethol yn y Rhyl, fe wnaeth Trefor fy helpu i a'r teulu i brynu hen garafán er mwyn cael mynd i aros yn yr Eisteddfod. Carafán i bedwar oedd hi, ond gydag adlen newydd, llwyddodd saith ohonon ni i wasgu i mewn iddi. Cafodd Trefor fodd i fyw. Er nad oedd yn ddigon iach i fynd i faes yr Eisteddfod, cafodd ddigon o Eisteddfod ar y maes carafanau. Trwy gyd-

Trefor gydag un o'i wyrion yn cysgu ar ei lin.

ddigwyddiad hollol, pwy oedd yn aros yn y garafán drws nesaf ond ei ffrind, Fred Jones, gydag un o'i blant yntau a'i deulu. Roedd Trefor a Fred wrthi'n siarad hyd hwyr y nos gyda'r wyrion yn rhyfeddu, heb sôn am gwyno, ar yr holl sŵn oedd y ddau hen ddyn yn gwneud i'w cadw nhw ar ddi-hun yn y nos.

Parhaodd Trefor yn ffyddlon i'w ddaliadau gwleidyddol hyd y diwedd, ac roedd yn llawenydd mawr iddo weld y llanw'n dechrau troi o blaid Cymru a'r Gymraeg. Cafodd weld Cynog Dafis – un o'r goreuon o'r genhedlaeth iau yn ôl Trefor – yn cael ei ethol yn aelod seneddol dros Blaid Cymru yn 1992, a doedd dim yn well ganddo na chael Cynog a'i wraig Llinos yn galw heibio ac yn trafod materion y dydd gydag e.

Roedd Trefor bob amser wedi cael golwg fwy negyddol nag Eileen ar effeithiolrwydd unrhyw weithredu gwleidyddol. Roedd yn credu'n gryf mewn gwneud yr hyn oedd yn iawn, ond ddim yn hyderus y bydden nhw'n llwyddo. "Piso'n erbyn y gwynt" oedd unrhyw ymgyrchu yn ôl Trefor, ond eto i gyd cytunai gydag Eileen fod yn rhaid gwneud yr hyn oedd yn iawn heb gyfrif y gost. Rhan fawr o'r hyn oedden nhw'n gwneud oedd ceisio cael pobl i droi oddi wrth y syniad gwasaidd nad oedd Cymru a'r Gymraeg yn ddigon da i fywyd cyhoeddus ac i gael hyder yn eu hawl a'u gallu i fyw bywyd cyflawn drwy'r Gymraeg. Efallai petaen nhw wedi cael ffurflen dreth yn gynt ac yn haws na fydden nhw wedi cael y blynyddoedd hynny i ennyn trafodaeth gyhoeddus yng Nghymru ac i droi meddyliau cynifer o bobl. Byddai Trefor yn hel atgofion am galedi ei fywyd cynnar, ond ar ôl un hanesyn hunan-dosturiol arall amdano yn blentyn yn gorfod rhannu wy wedi'i ferwi gyda'i chwaer Alice, tra oedd ei ffrind Esmor, oedd yn unig blentyn ac yn fwytäwr ffysi iawn, yn cael ceiniog am bob wy fyddai'n ei fwyta, roedd rhaid i mi ei herio. A oedd aberth ei dad yn arwain streic y glowyr wedi dod â gwelliannau i'r diwydiant? A oedd ei ymdrechion fel swyddog undeb wedi gwella pethau? A oedden nhw wedi ennill brwydr y dreth yn Llangennech a helpu i eni Cymdeithas yr Iaith? A oedd yr holl ganfasio dros y Blaid wedi dwyn ffrwyth? A oedd meddwl y genedl erbyn hyn yn dechrau troi yn fwy cadarnhaol? Roedd yn rhaid i Trefor gyfaddef fod hyn i gyd yn wir, a bod y sefyllfa erbyn diwedd ei oes yn fwy gobeithiol nag y byddai wedi breuddwydio yn ddyn ifanc.

Ond y peth gorau, meddai, oedd clywed Mared a Gwenno, plant bach penfelyn cymdogion i ni yn Rhiwlas, Bangor, yn parablu yn Gymraeg â'i gilydd. Mewn cyfweliad gyda Radio Cymru a gyhoeddwyd wedyn yn *Llafar Gwlad* Haf 1994 dywedodd: "Oen i'n gweud wrth Eileen echnos – ni'n mynd lan at Delyth bob hyn a hyn, yn sefyll am rhyw fish 'da hi, ac oe'n ni'n ishte wrth y ffenest un diwrnod a wel, oedd hi'n *fendigedig*! O'dd crotesi bychan yn whare tu fas i'r ffenest ac yn siarad yn Gymraeg ac o'n i ddim wedi gweld plant yn whare yn Gymraeg ers blynydde. O'dd e'n *fendigedig*." Roedd yr iaith yn dal yn fyw, a phroffwydoliaeth Saunders y byddai wedi marw erbyn dechrau'r ugeinfed ganrif ar hugain heb ei gwireddu.

Bu farw Trefor ym mis Mai 1994 yn 76 oed, wedi colli ei ddwy goes oherwydd diffyg cylchrediad gwaed. Roedd wedi dymuno rhoi ei gorff i ymchwil feddygol, ond ni dderbyniwyd ei gynnig, er mawr siom iddo. Gofynnodd i'w hen ffrind Fred Jones weinyddu yn ei angladd, a gwasgarwyd ei lwch yn Amlosgfa Parc Gwyn, Arberth.

Roedd blynyddoedd olaf Trefor, pan oedd angen gofal cyson arno, yn anodd i Eileen. Roedd hi'n hoff o grwydro a chymdeithasu, ac er bod ganddi ddigon o berthnasau a hen ffrindiau yn byw yn agos, doedd hi ddim yn rhydd i deithio fel cynt. Ymaelododd eto yng Nghapel Annibynwyr Henllan Amgoed, capel ei phlentyndod, a dod yn athrawes ysgol Sul yno. Ond digon tenau oedd y gynulleidfa erbyn hyn, fel yn nifer o gapeli cefn gwlad Cymru. Roedd yna adegau pan na allai adael Trefor i fynd i'r cwrdd hyd yn oed. Un Sul roedd ei hawydd i fynd i'r cwrdd yn drech na hi, a mentrodd fynd gan feddwl y byddai Trefor yn iawn ar ei ben ei hun am ryw awr fach. Ond ar lawr yr oedd Trefor erbyn iddi ddod yn ôl, wedi disgyn yn y gegin, ac Eileen yn ofni na allai hyd yn oed fynd i'r capel wedi hyn.

Un peth y llwyddodd i'w wneud yn ystod y blynyddoedd hyn oedd mynd yn ôl i'r brifysgol i gwblhau cwrs gradd anrhydedd. Yr oedd hi wedi graddio o Brifysgol Cymru, Caerdydd yn ystod yr Ail Ryfel Byd, ond gradd gyffredin tair blynedd oedd honno, gyda gradd anrhydedd yn cymryd pedair blynedd o astudio llawn amser. Roedd pwysau ar ferched oedd yn graddio yn ystod y rhyfel i fynd i ddysgu, i gymryd lle'r bechgyn oedd wedi mynd i'r lluoedd arfog, a hiraethodd Eileen am y flwyddyn goll honno am flynyddoedd. Ddaeth y cyfle ddim tan ei bod wedi ymddeol ac yn byw yn Henllan Amgoed. Erbyn hynny roedd Coleg y Brifysgol, Aberystwyth, wedi creu gradd allanol newydd, am nad oedd cwrs gradd yn y Gymraeg yn cael ei gynnig gan y Brifysgol Agored ar y pryd. Cofrestrodd Eileen i ddilyn cwrs anrhydedd Cymraeg yno, gan astudio Hanes Cymru a Llydaweg fel pynciau eraill. Er bod y rhan fwyaf o'r cwrs yn cael ei ddysgu o bell, roedd cyfle i gael ambell ddigwyddiad lle deuai'r holl fyfyrwyr ynghyd wyneb yn wyneb, ac roedd hyn yn hyfrydwch pur i Eileen. Yr un fath â Trefor flynyddoedd yn gynt pan gâi gysgu ar lawr rhai o fyfyrwyr Aberystwyth a blasu peth o'r bywyd myfyrwyr nad oedd ef ei hun wedi'i gael, roedd cael bod yng nghwmni myfyrwyr aeddfed o bob oed, ond y rhan fwyaf yn llawer iau na hi'i hun, yn rhoi adnewyddiad ysbryd iddi.

Roedd Eileen wedi ysgrifennu ychydig o farddoniaeth a rhyddiaith pan oedd yn fyfyriwr yng Nghaerdydd, ond heb barhau gyda'i gwaith creadigol. Cafodd gyfle fel myfyriwr yn Aberystwyth i ddechrau ysgrifennu unwaith eto, ac o'r cyfnod hwn y tarddodd ei chasgliad o straeon byrion, *Yr Eithin Pigog*, a gyhoeddwyd gan y Lolfa yn 1997. Deg o straeon byrion cysylltiedig yw'r gyfrol, a dydi hi ddim yn anodd dyfalu mai Eileen ei hun yw Marged, prif gymeriad y straeon. Gyda'i gilydd, mae'r straeon yn rhoi golwg ar sut oedd Eileen yn gweld ei bywyd, a threigl y blynyddoedd o eni ei phlentyn cyntaf i'w henaint.

Eileen yn graddio yn Aberystwyth, 1995.

Cyfrol o straeon byrion Eileen Beasley, a gyhoeddwyd gan y Lolfa yn 1997.

Eileen gyda'i hwyrion i gyd o'i chwmpas.

Roedd Eileen yn dal yn mwynhau teithio dramor, ac yn aml yn mentro i Lydaw ar ei phen ei hun, hyd nes i siwrneiau hir fynd yn drech na hi. Doedd ei Llydaweg hi ddim mor rhugl â'i Ffrangeg, ond roedd yn ddigon i gynnal sgwrs, ac i ysgrifennu llythyrau yn Llydaweg hefyd, gyda chymorth geiriadur.

Pan oedd Eileen yn 19 oed, cawsai ei chapel yn Henllan Amgoed lyfrau emynau newydd. Eileen gafodd y gwaith o gasglu'r hen lyfrau emynau ynghyd, a'u gyrru i'r Wladfa ym Mhatagonia. Cafodd lythyr o ddiolch, yn dweud hefyd fod yna ferch ifanc yn y Wladfa o'r un enw â hi ei hun – Eileen James. Bu'r ddwy'n llythyru â'i gilydd drwy'u hoes o hynny ymlaen, a hyd yn oed, ar ôl i gostau ffonio ddod yn ddigon rhesymol, yn ffonio ar draws dau gyfandir i siarad â'i gilydd. Fe wnaethon nhw gwrdd am y tro cyntaf yn Eisteddfod Aberafan yn 1966, pan ddaeth Eileen y Wladfa, Eileen James de Jones erbyn hynny, i Gymru i gymryd rhan mewn pasiant yn dathlu canmlwyddiant y glaniad ym Mhatagonia. Daeth Eileen o'r Wladfa i Gymru sawl gwaith wedi hynny, ac aelodau eraill o'r teulu hefyd yn cael croeso ar aelwyd Trefor ac Eileen. Ond doedd Eileen (Beasley erbyn hyn) erioed wedi cael cyfle i fynd ar daith i'r Wladfa. Pan oedd hi'n 83 oed, daeth y cyfle o'r diwedd, ac aeth draw i'r Wladfa ar daith wedi'i threfnu o Gymru. Uchafbwynt y daith oedd cael cwrdd â'r Eileen arall yn ei chartref ei hun yn y Wladfa, yr unig dro i Eileen deithio i Dde America.

Yn 2006 daeth llythyr annisgwyl o Lydaw. Llythyr gan Per Denez ydoedd, yntau ac Eileen wedi colli cysylltiad dros y blynyddoedd, ond Per wedi darllen rhywbeth yn y wasg Gymraeg yn gwneud iddo feddwl fod Eileen yn dal yn fyw. Daeth hiraeth ar Eileen i gael mynd i Lydaw a gweld Per unwaith eto, ond sut oedd mynd yno a hithau bellach yn rhy fregus i deithio ar ei phen ei hun? I'r adwy daeth

Eileen a Per yn Llydaw yn 2006.

Eileen a Per ar lan y môr yn Llydaw yn 2006.

Cynog, fy mab canol, a'i wraig Meggan. Roedden nhw'n hapus iawn i fynd â mam-gu i Lydaw yn eu car, a chael gwyliau eu hunain yn ei sgil. Erbyn hyn roedd Per wedi ymddeol i'w ardal enedigol, yn ymyl St Benoît des Ondes, ger St Malo, a chafodd e ac Eileen dridiau bendigedig yno yng nghwmni ei gilydd, yn bwyta ac yfed ac ail-fyw'r hen ddyddiau.

Am bum mlynedd yn olynol, o hynny hyd nes ei bod yn 90 oed, llwyddodd Cynog a Meggan i fynd ag Eileen ar wyliau dramor, i Lydaw, Ffrainc a'r Eidal. Roedd Eileen erbyn hyn yn tueddu i grwydro yn ei chwsg, ac fe ffeindion nhw fod gwestai yn medru bod yn broblemus. Yr ateb gorau oedd carafán sefydlog ar faes gwersylla, ac o gau'r llenni mawr, fyddai Eileen ddim yn gallu ffeindio'r drws allan a

Cynog ac Eileen yn y môr yn Tuscany, 2009.

mynd ar goll. Byddai'n ddigon hapus yn cael eistedd yn yr haul, a mynd allan am ambell bryd o fwyd a gwin da. Mi lwyddodd i fynd i'r môr un tro yn yr Eidal, ond roedd ei chael hi nôl i'r lan wedyn yn dipyn anoddach!

Yn 2012 a hithau'n 90 oed, cafodd Eileen wahoddiad i sesiwn yng Nghanolfan Uwchgwyrfai, Clynnog Fawr, ar "Brwydr y Teulu Beasley" i ddathlu hanner canmlwyddiant darlith Saunders Lewis, 'Tynged yr Iaith'. Y siaradwyr oeddwn i a Cynog y mab. Yn y gynulleidfa roedd Angharad Tomos, a gyfaddefodd wrtha i wedyn nad oedd hi'n gyfarwydd iawn â manylion yr hanes, er ei bod hi'n gyfarwydd wrth gwrs, fel cynifer o Gymry, â'r amlinelliad o'r frwydr o gân Dafydd Iwan, 'Daw, Fe Ddaw yr Awr yn Ôl i Mi'. Roedd hi wedi synnu i glywed pa mor hir y cymerodd yr ymgyrch, am yr holl achosion llys a'r colli dodrefn, a'r gwrthwynebiad gawson nhw o sawl cyfeiriad. Roedd Eileen erbyn hynny yn ddigon balch o'r gymeradwyaeth, y tusw blodau, a'r gerdd a ysgrifennodd Ieuan Wyn yn arbennig iddi hi a Trefor i gofio'r achlysur, a'r sglodion a physgod a gafodd o'r Badell Aur yn Bontnewydd ar y ffordd adref wedyn.

Roedd Angharad Tomos, wedi'i hysbrydoli gan y cyflwyniad yng Nghanolfan Uwchgwyrfai, wedi trefnu arddangosfa arbennig yn stondin Cymdeithas yr Iaith ar faes yr Eisteddfod Genedlaethol yn y Barri ddechrau Awst, yn cynnwys 'Yr ystafell wag' oedd yn cyfleu y parlwr bach yn y bwthyn ar ôl i'r beiliaid fynd â'r dodrefn i gyd. Cafwyd cyfle eto i roi'r cyflwyniad a roeswn i a Cynog yn Uwchgwyrfai, ond roedd Eileen erbyn hyn yn rhy wael i fi fedru ei gadael, a Heulwen, merch Elidyr, aeth gyda Cynog i roi'r cyflwyniad yn fy lle.

Ymhen ychydig wythnosau ar ôl y cyflwyniad yng Nghanolfan Uwchgwyrfai, Clynnog Fawr, daeth Eileeen i

Clawr y *Y Faner Newydd* gyda llun o Eileen yn y digwyddiad yn Uwchgwyrfai.

wybod fod canser y pancreas arni, ac nad oedd modd ei wella. Cafodd fynd adre o'r ysbyty i dreulio'i hwythnosau olaf, a deuthum i lawr o'r gogledd i edrych ar ei hôl. Roedd Heulwen fy nith newydd orffen ei blwyddyn dramor yn Sbaen, a daeth hithau draw i aros ac i helpu. Roedd Marc ac Ifan, fy neiaint a meibion Elidyr, eisoes wedi symud i fyw at Eileen, ac yn gwmni mawr iddi ar ôl iddi golli Trefor. Yn ddau ddyn ifanc, cryf, roedden nhw'n gallu codi eu mam-gu o'r gwely a'i chario yn ôl ac ymlaen yn ôl yr angen.

Yr hyn oedd yn poeni Eileen yn ei dyddiau olaf, oedd pwy fyddai'n etifeddu'r hen ddresel dderw ar ei hôl. Roedd y ddresel wedi cael ei phasio i lawr o'r fam i'r ferch yn ei theulu ers cenedlaethau, ac roedd i fynd ata i ar ôl dyddiau Eileen. Ond tri mab yn unig oedd gen i, heb yr un ferch. Ychydig cyn ei marw, cafodd Eileen wybod fod Cynog a

Meggan yn disgwyl, ac mai merch oedd y babi, a chafodd weld llun o'r sgan i brofi hynny. Dyna setlo'r mater felly, byddai parhad i olyniaeth y ddresel. Bu farw Eileen yn ei chartref ym Mryn Derw ar Awst 12, 2012, yn y tŷ drws nesaf i'r tŷ y cafodd ei geni ynddo.

Pennod 9

Dal i ysbrydoli

FEL ARFER MAE cofiant yn dod i ben gyda marwolaeth gwrthrych neu wrthrychau'r cofiant. Ond yn yr achos hwn, mae fel petai hanes Trefor ac Eileen a'u brwydr i gael papur y dreth yn Gymraeg wedi dod yn fwyfwy enwog a'i arwyddocâd wedi tyfu yn y cyfnod wedi hynny. Mae'n wir i Eileen gael peth sylw tua diwedd ei hoes, efallai gan iddi fyw i fod yn 91 oed. Yn Mehefin 2006 fe anrhydeddodd Cymdeithas yr Iaith Eileen mewn cyfarfod yn Aberystwyth (roedd Trefor wedi marw ers 1994) pryd y cyflwynodd Gerallt Lloyd Owen gerdd i gofio aberth y ddau. Roedd hon yn un o nifer o gerddi a ysgrifennwyd am Trefor ac Eileen ar hyd y blynyddoedd, ac mae eu darllen yn dangos sawl agwedd wahanol o'r ymateb i'w brwydr, o edmygedd at eu dewrder i fyfyrdod ar wrthdaro gwerthoedd, i deyrnged i'w safiad. Mae'r cerddi hyn i'w gweld yn yr atodiad sydd ar ddiwedd y llyfr hwn.

Yn Rhagfyr 2008 cafodd y neuadd fwyaf yng nghanolfan gymunedol newydd Llangennech ei henwi yn Neuadd Beasley er cof am y frwydr i gael ffurflen dreth ddwyieithog. Roedd Eileen ac Elidyr yno i'r agoriad swyddogol, ac i Eileen roedd cael dod yn ôl i Langennech lle digwyddodd

Agoriad swyddogol, Neuadd Beasley, Llangennech.

yr holl ymgyrchu yn glo twt ar y bennod hynny o'i bywyd.

Yn 2012, gyda dathlu hanner can mlynedd ers darlith Saunders Lewis, 'Tynged yr Iaith', daeth ychydig o sylw eto i ran Trefor ac Eileen ill dau yn y mudiad o blaid y Gymraeg. Roedd anrhydeddu Eileen yng Nghanolfan Uwchgwyrfai yng Nghlynnog Fawr, Gwynedd, yn rhan o'r dathliadau hynny, fel yr oedd y cyflwyniad a roddwyd eto ar hanes brwydr y dreth, a'r arddangosfa 'Yr Ystafell Wag' yn Eisteddfod Genedlaethol y Barri. Yn dilyn hynny yr ysgrifennodd Angharad Tomos ei nofel i bobl ifanc, *Darn Bach o Bapur* (Gwasg Carreg Gwalch, 2014) a gyfieithwyd i'r Saesneg wedyn fel *The Empty Room,* a oedd yn seiliedig ar frwydr y dreth. Dyna oedd dechrau'r cynnydd mawr yn niddordeb y cyhoedd yn hanes yr ymgyrch, ac yn enwedig yn rhan Eileen yn yr hanes. Yn Ebrill 2015, dair blynedd wedi marw Eileen, cafodd plac glas ei roi ar y bwthyn yn Llangennech lle roedd y teulu bach yn byw yn ystod cyfnod y frwydr i gael papur y dreth yn ddwyieithog, gyda thyrfa fawr yn bresennol.

Am flynyddoedd, roedd sylw gweddol gyfartal wedi'i roi i ran Trefor ac Eileen yn y frwydr, ond o ddechrau'r unfed ganrif ar hugain ymlaen, dechreuodd tuedd i fawrhau rhan Eileen yn y frwydr, a hynny efallai ar draul cyfraniad Trefor. Roedd Eileen wedi cael ei galw yn 'Rosa Parks Cymru' mor bell yn ôl â 2006, ac yn 'fam gweithredu uniongyrchol' yng Nghymru, gan dynnu cymhariaeth gyda'r wraig ddu a oedd wedi gwrthod codi i roi ei sedd i ddyn gwyn ar fws cyhoeddus yn Montogmery, Alabama. Hwn oedd cyfnod y mudiad hawliau sifil yn yr Unol Daleithiau pan oedd deddfau mewn grym yn gwahaniaethu yn erbyn pobl ddu, a dulliau di-drais o weithredu uniongyrchol yn cael eu datblygu i ymladd yn erbyn y gormes hwn. Mae rhai yn dweud y dylid galw Rosa Parks yn 'Eileen Beasley America' gan fod dechrau protest Trefor ac Eileen yng Nghymru yn gynharach na phrotest Rosa Parks yn yr Unol Daleithiau. Yr hyn sy'n gyffredin rhyngddyn nhw wrth gwrs yw fod yma ymgais i ddyrchafu dwy wraig yn eiconau cenedlaethol, ac yn arwresau benywaidd mewn cyfnod pan oedd teimlad nad oedd merched wedi cael sylw dyladwy gan haneswyr. Hyn efallai, yn gymaint â'r ffaith i Trefor farw rai blynyddoedd o'i blaen, sydd wedi golygu bod Eileen wedi cael mwy o sylw na Trefor yn ddiweddar fel ymgyrchydd iaith.

Mewn arddangosfa yn yr Amgueddfa Werin yn Sain Ffagan mae ffrog oedd yn perthyn i Eileen, yn rhannu blwch gwydr gyda hen siaced o eiddo Angharad Tomos. Roedd Eileen yn hoff iawn o'r ffrog hon, ac mae hi'n ei gwisgo mewn nifer o luniau o gyfnod brwydr y dreth. Rhan o'i natur ddarbodus oedd ei bod wedi trwsio'r ffrog o dan y gesail gyda darn o ddefnydd llwyd, ond mae'r trwsiad wedi'i guddio'n gelfydd yn yr arddangosfa yn Sain Ffagan. Roeddwn i wedi dewis y ffrog yn ofalus er mwyn dangos sut fyddai Eileen yn ddarbodus yn trin ei dillad, ond mae'n amlwg fod yn rhaid twtio dipyn ar ddelwedd eicon cenedlaethol cyn dod yn ddigon parchus i'w dangos mewn amgueddfa!

Daeth Eileen felly yn dipyn o arwr ffeministaidd yn y

Ffrog Eileen yn Amgueddfa Werin Sain Ffagan.

blynyddoedd diweddar yng Nghymru. Mae'n ymddangos yn *Deg Stori o Hanes Cymru y dylai pawb eu gwybod,* gan Ifan Morgan Jones (Rily, 2021). Er bod y testun yn dangos mai ymgyrch ar y cyd rhwng Trefor ac Eileen oedd y frwydr i gael bil treth Cymraeg, dim ond Eileen sy'n cael ei henwi yn nheitl y bennod, ac unwaith eto, hi sy'n cael y lle blaenaf. Mae Eileen yn ymddangos hefyd mewn llyfr arall i blant, *Genod Gwych a Merched Medrus* gan Medi Jones-Jackson (Y Lolfa, 2023) yn un o ddeuddeg 'o ferched blaenllaw Cymru a wnaeth anelu'n uchel, cyrraedd y brig a newid siâp ein cenedl'. Mae'r llyfr yma yn dangos yn glir y bwriad i roi sylw yn benodol i ferched sy'n flaenllaw yn hanes Cymru.

Cafwyd hefyd ddrama *Dyled Eileen* i gofio Eileen a Trefor a hanes brwydr y dreth. Fe'i llwyfannwyd gan Theatr Cymru yn 2013, ac eto yn yr Eisteddfod Genedlaethol yn Llanelli yn 2014. Enillodd Rhian Morgan wobr Actores Orau yng Ngwobrau Beirniaid Theatr Cymru am ei phortread o Eileen yn hen wraig yn y ddrama.

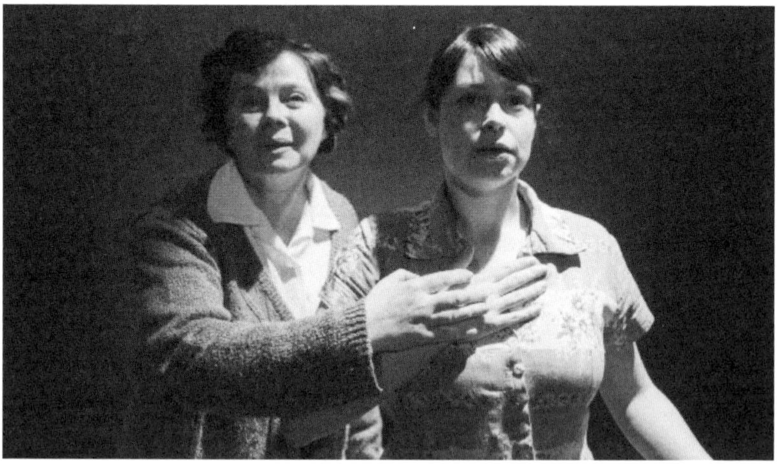

Yr Eileen hen a'r Eileen ifanc yn *Dyled Eileen* (cynhyrchiad 2013).
Hawlfraint Theatr Genedlaethol Cymru.

Yn fwy difyr efallai, ar gyfer Nadolig 2015, lluniodd Martyn Geraint, un o gyn-ddisgyblion Eileen yn Ysgol Rhydfelen, bantomeim *Dacw Mam yn Dŵad*, yn seiliedig ar fam sy'n gwrthod talu rhent, am fod y llythyr rhent yn uniaith Saesneg, fel teyrnged i'w gyn-athrawes. Byddai Trefor ac Eileen wedi bod wrth eu bodd gyda'r canu, y dawnsio a'r chwarae gwirion, ac yn fwy na dim gyda hwyl a miri'r plant bach o ysgolion Cymraeg, llawer ohonyn nhw yn y de-ddwyrain, wnaeth fwynhau'r cynhyrchiad ac sy'n siaradwyr Cymraeg newydd.

Mae teyrngedau i'r Beasleys hefyd wedi ymddangos mewn celfyddyd weledol, yn arbennig felly gan yr arlunydd Ifor Davies. Maen nhw'n cynnwys collage o'r enw *Treth ac Angau* lle mae casgliad o hen amlenni treth Ifor lle roedd "dinistr naturiol yr amlenni yn adlewyrchu'r dinistr orfododd y Cyngor ar y Beasleys". Mae lluniau o'r Beasleys yng nghornel uchaf dde'r gwaith, a dywedodd Ifor: "Ro'n i bron â rhoi'r llun yn y canol, ond ro'n i am ddangos eu bod nhw'n gweithredu bron ar yr ymylon, a neb yn eu parchu".

Mewn tro pellach i stori'r Beasleys, mae'r hanes hefyd yn cael ei ddysgu yn ysgolion Cymru. Ceir hanes y teulu Beasley a brwydr y dreth ar wefan Hwb, gwefan adnoddau digidol addysg Cymru. Mae'r pwnc yn un da i hybu trafodaeth gyda phobl ifanc a dysgwyr am wleidyddiaeth, yr iaith Gymraeg, gwersi o'r gorffennol, ffurfio barn a gweithgareddau atodol eraill. Mae nofel Angharad Tomos yn cael ei defnyddio fel llyfr gosod mewn ysgolion ac mewn sesiynau dysgu Cymraeg i oedolion.

Erbyn hyn felly, mae hanes brwydr y dreth a safiad y teulu Beasley yn Llangennech yn y pumdegau yn cael ei gofio a'i ddathlu fel gwers am effeithiolrwydd y dull di-drais o brotestio ac o anufudd-dod sifil. Byddai Trefor

Poster *Dacw Mam yn Dŵad.*
Hawlfraint Jenney Creative.

Treth ac Angau gan Ifor Davies.
Hawlfraint yr artist.

ac Eileen wedi synnu at y dylanwad gafodd eu brwydr ar hanes hawliau'r Gymraeg, a'r dylanwad a gafodd ar ddulliau ymgyrchu a datblygiad y mudiad cenedlaethol yng Nghymru. Roedd y ddau wedi dechrau eu brwydr fel ymateb greddfol i anghyfiawnder ieithyddol ac i un achos diriaethol, bach ond hollol amlwg (yn eu tyb nhw), yn Llangennech. Doedd hi ddim yn fater o 'beth allwn ni wneud i ddeffro'r genedl?' fel yn achos llosgi'r Ysgol Fomio ym Mhenyberth, na hyd yn oed, 'sut mae cael cyhoeddusrwydd ehangach i fater yr iaith?' Dim ond gwneud yr hyn oedd yn iawn wnaethon nhw, heb falio am y canlyniadau. Roedd yn nodweddiadol o'r ddau eu bod nhw'n mynnu mai'r llall gafodd hi anoddaf yn ystod eu brwydr. Roedd Eileen yn mynnu mai Trefor gafodd hi waethaf am ei fod yn gorfod dioddef dirmyg ac anghymeradwyaeth ei deulu, ei ffrindiau a'i gyd-weithwyr yn y pwll glo, am fod hyn i gyd yn digwydd yn ei ardal enedigol. Roedd Trefor ar y llaw arall, yn mynnu mai Eileen ddioddefodd fwyaf am mai hi yn bennaf oedd yn gweld colli eu hanrhegion priodas a'u dodrefn tŷ, ac mai hi hefyd oedd yn gorfod mynd i ymladd eu hachos yn y llys ac ar lawr y Cyngor, a delio gyda'r cyfryngau tra roedd Trefor yn ei waith yn y pwll glo.

Mae modd dadlau nad oedd aberth y cyfnod yna i'w gymharu gyda'r aberth o symud o Langennech i Lanharan er mwyn i ni'r plant gael addysg uwchradd cyfrwng Cymraeg. Yn sicr, wnaeth Elidyr ddim mwynhau'r diwreiddio, er i hynny effeithio llai arna i gan fy mod i wrth fy modd gyda'r ysgol a'r cylch ffrindiau newydd. Efallai fod eu cyfnod yn Llangennech yn dod i ben beth bynnag, gydag Eileen yn awyddus iawn i Trefor adael y pwll glo, a'r bwthyn dwy lofft yn mynd yn rhy fach i'r teulu wrth i'r plant dyfu, ac Eileen eisiau dychwelyd i ddysgu.

Yn Llanharan, a mwy fyth yn Nhonteg wedi hynny, daeth Trefor ac Eileen yn rhan o'r gymuned o genedlaetholwyr arloesol, ifanc gan mwyaf, oedd yn sir Forgannwg bryd hynny yn datblygu athroniaeth a dulliau gweithredu Cymdeithas yr Iaith. Roedden nhw'n ceisio cynnig arweiniad a chefnogaeth ymarferol i'r bobl ifanc ar yr un pryd, ac wrth i'w hiechyd nhw ddirywio, roedden nhw – a Trefor yn arbennig efallai – yn dal yn mwynhau'r trafod a'r dadlau ideolegol y caen nhw gyda rhywun fel Gareth Miles a Gwyn Griffiths, ac yn nes ymlaen yn nosbarthiadau nos athroniaeth Meredydd Evans yn yr Efail Isaf. Nid cywirdeb ideolegol oedd bwysicaf gan Trefor ac Eileen, ond yn hytrach y graddau yr oedd pobl yn gweithredu yn ôl yr hyn roedden nhw'n ei gredu. Doedd ganddyn nhw ddim amynedd gyda phobl oedd yn siarad yn huawdl ond ddim yn 'byw eu proffes', hynny yw, ddim yn gyrru eu plant i ysgol Gymraeg, ddim yn llenwi ffurflenni Cymraeg, neu yn rhoi swyddi da o flaen cyfrannu at fywyd a diwylliant Cymru.

Roedd y ddau yn credu mewn gwneud yr hyn oedd yn iawn, beth bynnag fyddai'r canlyniadau. I Eileen roedd hyn yn rhan o'i ffydd Gristnogol, a byddai'n aml yn dyfynnu'r adnod "Bwrw dy fara ar y dyfroedd; canys ti a'i cei ar ôl llawer o ddyddiau" (Pregethwr 11:1). Iddi hi, ystyr hyn oedd fod rhywun yn ymddiried canlyniad y weithred i Dduw, ac felly ddim yn poeni am y canlyniadau. Er bod Trefor yn agnostig yn ôl ei broffes, roedd e'n pwyso'n drwm ar ffydd Eileen, ond hefyd ar ei brofiad ef ei hun fel mab i arweinydd streic, gweithred a achosodd ddioddef mawr i'w deulu am flynyddoedd i ddod. Roedd y caledi a ddilynodd y weithred hynny i deulu Henry Beasley yn llawer mwy nag a ddioddefodd Trefor ac Eileen genhedlaeth a mwy yn ddiweddarach. Ond serch hyn i gyd, roedd y ddau deulu yn rhai llawen iawn ac yn mwynhau cwmni plant a ffrindiau, bwyd da, darllen a thrafod, beth bynnag oedd yr amgylchiadau allanol.

A oedd yr holl aberthu hyn wedi bod yn werth y cyfan, aberth Henry ac Elizabeth Beasley, ac aberth Trefor ac Eileen wedyn? Chafodd Henry ac Elisabeth Beasley ddim byw i weld sefydlu'r Bwrdd Glo Cenedlaethol, na'r Wladwriaeth Les, ond roedd yn ddigon iddyn nhw wybod eu bod nhw wedi gwneud yr hyn oedd yn iawn. Bu Trefor ac Eileen yn fwy ffodus, o weld nid yn unig ffurflenni ac arwyddion yn ddwyieithog, ond hefyd sefydlu S4C, ehangu addysg Gymraeg, ac yn achos Eileen, sefydlu'r Cynulliad Cenedlaethol. Yn fwy penodol, fe welson nhw ddatblygiad Cymdeithas yr Iaith i fod yn fudiad anufudd-dod sifil llwyddiannus yn arddel dulliau di-drais o weithredu, ac yn bwysicaf oll, yn newid meddwl cenedlaethol yng Nghymru ymysg siaradwyr Cymraeg a'r di-Gymraeg o blaid yr iaith. Bellach, ac er gwaethaf y ffordd bell sydd gennym eto i deithio i ddiogelu'r Gymraeg, mae consensws cyffredinol fod yr iaith yn werth ei chadw a'i datblygu, a'i bod yn perthyn i bawb, nid ei siaradwyr yn unig, ond pawb sydd yn cyfrif eu hunain yn Gymry.

Yng nghân Dafydd Iwan 'Daw, Fe Ddaw yr Awr yn Ôl i Mi' mae'n awgrymu fod pobl ardal Llanelli yn meddwl fod Trefor ac Eileen yn "ffyliaid dwl" i fod yn cosbi eu hunain wrth ymgyrchu o blaid yr iaith. Yn y diwedd, nid Trefor ac Eileen oedd y ffyliaid dwl, ond y bobl wasaidd a'r sefydliad gwrth-Gymreig a geisiodd sefyll i'w herbyn. A ddioddefws a orfu.

Atodiad

Cerddi a ysgrifennwyd i Trefor ac Eileen Beasley

1. 'Daw Fe Ddaw yr Awr yn Ôl i Mi' gan Dafydd Iwan
2. 'Baled y Teulu Beasley' gan Bobi Jones
3. 'Eileen' gan Gerallt Lloyd Owen
4. 'Trefor ac Eileen Beasley' gan Ieuan Wyn
5. 'Y Tŷ Llawn' gan Myrddin ap Dafydd
6 'Evit Trefor' gan Per Denez, gyda chyfieithiad Cymraeg o'r Llydaweg gwreiddiol gan Rita Williams
7. 'I Trefor Beasley yng Ngharchar' gan Iorwerth Peate
8. 'Trefor Beasley' gan Vernon Jones

1. 'Daw Fe Ddaw yr Awr' gan Dafydd Iwan

Wyt ti'n cofio'r ysgol fomio
A losgwyd gan dri gŵr?
Y tân a daniwyd yno
Sy'n dal ynghyn rwy'n siwr,
Llosgwyd ysgol,
Dân anfarwol –
Daw, fe ddaw yr awr yn ôl i mi.

Wyt ti'n cofio teulu'r Beasleys
Yn gwrthod talu'r dreth,
A gwŷr Llanelli'n gofyn,
'Y ffylied dwl, i beth?'
Cofio'u haberth
A'u gweledigaeth,
Daw fe ddaw yr awr yn ôl i mi.

Wyt ti'n cofio Pont Trefechan
A'r brotest gynta i gyd
A'r Cardis yn ffaelu deall
Pam roedd Cymry'n blocio'r stryd
Heb ddim achos,
'Codwch, blantos!'
Daw, fe ddaw yr awr yn ôl i mi.

Wyt ti'n cofio sgwâr Caerfyrddin
Pan gododd Cymru'i phen,
Llawenydd yn ein dagrau
A Gwynfor yno'n ben,
Wyt ti'n cofio,
Nos y gwawrio?
Daw, fe ddaw yr awr yn ôl i mi.

2. 'Baled y Teulu Beasley' gan Bobi Jones

Ym mhlwyf Llangennech y mae teulu bach
Na ddysgodd eto ffyrdd y byd. I gael,
Y trechaf treisied; nid oes pris i iaith
Na chreiriau amherthnasol cenedl wael.

Er mwyn sillafau collant gartref clyd
I'r cŵn materol sy'n cyfarth, 'twpdra, lol.'
A'r rheini, heidiant ar sosialaidd frys
I mewn i'w haelwyd fach i lenwi eu bol.

Ffarwél ddodrefnyn, nid arnat ti mae'r bai
Fod erlid 'nawr a'th fod yn od dy hynt.
Fe fydd dy berchen nesa'n gweld nad yw
Cytsain a llafariad yn ddim ond gwynt.

Aberthant bopeth, gwnânt, heb ennill dim,
Er mwyn cynhyrchiol trwsgl organau llais.
Pa fodd y bu, Gynghorwyr y meddwl swllt,
I'r rhai hyn lithro'n rhydd rhag addysg Sais?

Dysged callineb iddynt beth yw beth:
Dysgent roi bri ar bren a phlu a phres.
Oni ofalant, ymchwâl eu moethau oll
O dan eu trwyn. Pa elw yw? Pa les?

Pa groeso fydd heb stôl neu fwrdd? Ond hi
Yr iaith a herciodd drwy'r blynyddoedd brad
O bant i bentan a gaiff gysur gwell
Yma – nag yn holl balasau'r wlad.

Ymddangosodd gyntaf yn *Y Ddraig Goch*, Ebrill 1960, 3 (wedyn yn y casgliad *Tyred Allan* Llyfrau'r Drwy: Llandybie (1965)). Dyfynnir yma o *Cadwn y Mur: Blodeugerdd Barddas o Ganu Gwladgarol*.

3. 'Eileen' gan Gerallt Lloyd Owen

Oedd, yr oedd dy iaith yn ddrud,
Eithafol ei threth hefyd,
Ond ei dyled a delaist
Fwy na llawn trwy fynnu llais,
Trwy fynnu prynu parhad
Yn wyneb ei diflaniad.
Dewr oet yn ei brwydr hi
A rhoddaist hyder iddi,
A thra byddo dyfodol
I'r Gymraeg yma ar ôl
Fe welir naddu filwaith
Dy enw di yn dy iaith.

4. 'Trefor ac Eileen Beasley' gan Ieuan Wyn

Hyn yw rhuddin ymroddiad, – ger y rhyd
        Gŵr a gwraig â'u safiad;
    Hyn yw ffin amddiffyniad,
    A hyn yw pris ein parhad.

Er y gwawd, er y gwadu, – yn nannedd
        Y meinwynt, un teulu
    Taer eu llais uwch gwatwar llu
    I'n hiaith yn tystiolaethu.

Y blynyddoedd blin oeddynt, – a hwythau'n
        Un â'r iaith roed iddynt;
    Ei harddel drwy bob helynt,
    Byw artaith iaith ar ei hynt.

Nes dyfod y tafod tân, – a'r lleisio
        Drwy'r holl lysoedd syfrdan;
    A'u henwau'n gof yn y gân,
    Yn atgof yn y gytgan.

A melys ar wefusau – eu henwi
        Yn hanes y brwydrau;
    Daw inni'n doe'n enwau dau,
    Daw'r hanes drwy eu henwau.

At y rhyd, at yr adwy, – daw o hyd
        Y dewr na fyn wobrwy;
    I'n gwlad boed ganmoladwy
    A mawr yn ei chwedl mwy.

5 'Y Tŷ Llawn' gan Myrddin ap Dafydd

Lorri o flaen y tŷ.
Gŵr â het ddu
a dynion cry'
yn cnocio, cnocio.
Papur, gyda stamp arno.
Wedi dod i nôl y piano.

Lle mae dy biano di'n mynd, Delyth fach?
Dim mwy o rwgnach
Am ddysgu nodau mwyach.

Mae nhw yn eu hole
ac mae'r drych yn eu breichie.
Anrheg priodas gan berthynas.
Twll yn y wal heb ei gymwynas.

Beth wnei di, Trefor,
cyn cwrdd, cyn pwyllgor,
rhag baw y lofa rhagor?

Cadeirie, y tro yma,
ac yn gwmni iddynt, soffa;
ar y stryd, tyrfa.

Lle'r eisteddi di, Eileen,
ar ddiwedd dy ddiwrnod cyffredin
wedi i'r byd dy drin?

Maen nhw'n cerdded o'r tŷ gyda'r carbed!
Mae'r llawr mor galed.
Adlais gwag i'w glywed.

Lle gei di gysur, Elidyr?
Dy dad gyda'i bapur,
dy fam yn sgwennu llythyr,
tithau ar dy fol ar lawr oer yn brysur.

Ac eto trech
oedd ymdrech
un teulu'n Llangennech
na lorri a het ddu,
cyngor, llys a dynion cry'.
Er i'r piano ddiflannu,
pedwarawd Cymraeg sy'n canu
a'r iaith sy'n dodrefnu'r tŷ.

6. 'Evit Trefor' (I Trefor) gan Per Denez

Glan ar glaou a vagas ac'hanout,
ken glan, ken lufr,
ken ne chome roud ebet war va dorn
pa yaen, ouzh tal an ti,
e gwasked ar wennig-skav,
da zibradañ,
diouzh an toull e-harz pennoù bagol ar c'horz-kanell o
c'halabousennoù gwenn,
ar c'helorniad
evit poazhañ boued an devezh
ha dic'hleborañ an ti diouzh e vouestijenn:
lufr evel diamant du,
diamant ramz e skrin an tule hag ar raden
ouzh tor ar menez.
Ganit on diskennet
e gwazhiennoù an douar
e-lech ma oas bet
adalek da unnek vloaz
o labourat da c'hounit peadra da vezañ gouest da vont
c'hoazh d'al labour an deiz war-lerc'h,
da zrailhañ ar vogeriad du a bigelladoù krenn
a-hed ur riboulenn
a rankes bale enni war da barlochoù
ha poaniañ enni war da zaoulin,
tre da zaoubleg.
Hag ar miliadoù a donnennoù kerreg euc'h da benn,
skoret gant harpelloù dir ken dister ha ken moan,
o c'hrozmolat hag o huanadiñ par m'hellent,
hag o tennañ boulonsoù ar bolzioù,
a-darzh,
evel bolodoù

a c'hoarvese desho lazhañ o den.
Ha dour o verañ, o riolennat a bep lec'h,
a-dreuz an doennad mein hag a-hed linennoù-houarn
an tumporelloù bihan
en ur red-avel diastal,
goudor ebet er c'hondionioù
ma tiskenned enno gant tizh ur maen o kouezhañ,
lec'h klet ebet nemet marchosi a c'hezeg bihan dall,
gwrez ennañ gant an abon ha gan troazh war ar gwelead
plouz breset
ha frond klouar al loened bet o c'hweziñ diwar o stlejadoù.
Eno e oa bet desket dit,
er stourm didruez ouzh an douar kriz,
el labour a daolioù horzh hag a daolioù pik hag a dalmoù
kalon,
bezañ kadarn, ha kalet ouzh ar boan, ha dichal eus ar
skuizhnez.
Hag er c'hustodoù-ec'hoaz,
da vare ar banne-te hag an tamm bara-keus,
az poa bet skol gan an henaourien
o kelenn er vengleuz evel ma oant bet o kelenn er chapel,
gwelloc'h skol ganto eget ar skol-Sul,
gwelloc'h skol ganto eget ar skol-bemdez,
skol ar prederiañ, ar breutaat, an daelañ , an diskejañ,
ar merat-menozioù
e kembraeg
diwar-benn tonkad mab-den
ha tonkad Kembre.
Savet out bet eus a-douez ar vicherourien-brezegerien,
Ar vicherourien-varzhed, ar vicherourien-vlenierien tud
O deus pourchaset d'az pro
he frammoù a vroad,
pe e vent bet a du Keir Hardie, pe a du T.I. Ellis, pe a du
Emrys ap Iwan,

ar re bet o prenañ,
gwenneg ha gwenneg,
blank ha blank,
ur skol-veur d'o fobl
en Aberystwyth.
Diwar o skouer ac'h eus kavet an nerzh
d'en em sevel,
Trefor,
ez tigenvez,
evit ar yezh,
o nac'h paeañ an tailhoù a zinac'he da wir da vezañ graet
ouzhit e kembraeg
ez pro.
O lezel mevelien Mammon
da lakaat gwerzhadeg war da arrebeuri,
war vadoù da diegezh,
a vloaz da vloaz,
e-pad seizh vloaz,
ingal,
pa teue ar mare dit da anzav
ha da anavezout,
dre reiñ da arc'hant,
az poa da vevañ dindan bazhyev ar Saozon hag ar saozneg.
Betek ma c'hoarvez d'ar vistri,
d'o zro,
plegañ,
plegañ d'az gwir hag a oa gwir da bobl,
plegañ d'az youl hag a oa nerzh da bobl.
Glan ar glaou a lazhas ac'hanout,
ken kalet an elvennoù lemm anezhañ
hag a hentas korzennoù da skevent
evel ma oas-te bet o pigellat gwizhi du ar binvidigezh hag
ar galloud,

gwizhi du a impalaerouriezh
a vouete al listri-brezel,
war holl vorioù ar bed,
gant glaou a zeve hep divogediñ a-boan.

Trefor,
mab ar vro ha tad d'ar vro,
ganet diouzh ur vroad na baouezes ket a c'henel,
na baouezes ket a reiñ anal ar vuez dezhi,
oc'h ober gant da yezh er gêr hag e-maez ar gêr,
o sevel da vouezh war an dachenn foran,
o tolpañ ar vrogarourien da vouezhiadegañ ganto,
o poaniañ e strollad broadel ar meneziòu peurbadel,
uvel ha diglemm,
o tegemer hag o kas war-raok da vuhez kembreat,
gant he lodenn levenezioù,
pa ne ve ken nemet mont da bakañ war-bouez da zorn,
mintin abred dindan o c'herreg er stêrig,
an dluzed flour o c'hof,
d'an eur ma krog ar fraved da goagal er gwez-onn
hag ar mouilc'hi da sutal er spern-gwenn.
Hag ivez gant he lodenn brasoc'h c'hoazh a enkrezioù
evel m'eo tonket da c'houzañv
a-hed e amzeriad douarel
kement den 'zo sujet
d'an estren.
Bremañ, kelan dinerzh ha difiñv
e kreizon an douar m'out bet o labourat kement ennañ,
o reiñ da chug ha da eskern d'an tir a vagas da goskor,
e saludan ennout,
Trefor,
e kevarc'han ennout,
unan eus ar wazed o deus gouezet

dre o labour ha dre o stourm
pemdeziek
ober
ken eeun-se
bemdez-Doue
ur vro d'an holl:
Kembre.

Cyfieithiad Cymraeg gan Rita Williams

Glân oedd y glo a'th fagodd,
mor lân, mor loyw,
fel na fyddai'i ôl o gwbl ar fy llaw
pan awn, wrth dalcen y tŷ,
yng nghysgod yr ysgawen,
i dynnu,
o'r cwtsh ar bwys pennau sionc yr efwr
a'u capiau gwynion,
y bwcedaid
i goginio bwyd y dydd
ac i ymlid y lleithder o'r tŷ:
yn loyw fel diamwnt du,
diamwnt anferth yng nghlust-dlysau y ddeilen gron a'r rhedyn
ar lethr y mynydd.

Yn dy gwmni disgynnais
i wythiennau'r ddaear
lle y byddet,
yn un ar ddeg oed,
yn gweithio i ennill digon i allu mynd eto drannoeth,
i chwalu'r talcen du drwy geibio'n galed

ar hyd hedin
y byddai'n rhaid ei dramwyo ar dy bedwar,
a llafurio ynddo ar dy liniau,
yn ddau ddwbwl a phlet.
A'r miloedd o dunelli o gerrig uwch dy ben
yn cael eu cynnal gan byst dur, mor dila a main,
yn griddfan ac yn ocheneidio am y gorau
ac yn tynnu,
gan ffrwydro
fel bwledi a allai ladd dyn.
A dŵr yn diferu, yn ffrydiau bach, o bobman,
Ar draws y top cerrig ac ar hyd rheiliau haearn
y dramiau bach
mewn drafft di-baid,
heb loches yn y byd yn y talcenni
pe cwympai carreg fel bollt,
heb fan clyd ond stabl y ceffylau bach dall,
a gwres y tail a'r biswail
o'r gwely o wellt sathredig.

Yno y dysgwyd iti,
yn y frwydr ddidostur â'r ddaear ddu
ag ergydion mandrel ac ergydion sledj
â churiadau'r galon,
i fod yn gadarn, i oddef poen ac i fod yn ddi-hid o flinder.
Ac yn y talcen
amser bwyd o damaid o fara a chaws,
cest ddysg gan yr hynafgwyr
a rôi wersi yn y lofa fel buont yn gwneud yn y capel,
gwell dysg nag yn yr Ysgol Sul,
gwell dysg nag yn yr ysgol ddyddiol,
dy hyfforddi i feddwl, i drafod, i ddadlau, i ddadansoddi,
i drin syniadau –

yn Gymraeg –
am dynged dyn
a thynged Cymru.
Fe'th godwyd o blith y pregethwyr o lowyr,
y beirdd o lowyr, yr arweinyddion o lowyr
a ddarparodd i'th wlad
adeiladwaith dy genedl,
boed y rhain o blaid Keir Hardy, neu T.I. Ellis,
neu Emrys ap Iwan,
y rhai fu wrthi yn prynu,
boed yn geiniog,
boed yn ddimai,
brifysgol i'w pobl
yn Aberystwyth.
O'u hesiampl hwy y cest y rhuddin
i sefyll,
Trefor,
yn unig,
dros yr iaith,
gan wrthod talu'r trethi a omeddai'r hawl
iti gael dy drin
yn Gymraeg
yn dy wlad,
gan adael i weision Mamon
roi dy gelfi ar werth,
ac eiddo dy deulu,
flwyddyn ar ôl blwyddyn,
am saith mlynedd,
yn ddi-ball
pan ddeuai'r adeg iti gydnabod,
drwy roi arian,
ei bod yn rhaid iti fyw o dan iau'r Saeson a'r Saesneg.
Hyd nes y bu'n rhaid i'r awdurdodau

yn eu tro,
blygu,
plygu i'th hawl a oedd yn hawl dy genedl
plygu i'th ewyllys a oedd yn rym dy genedl.

Glân oedd y glo a'th laddodd –
mor galed ei elfennau blaenllym
a dramwyodd wythiennau d'ysgyfaint
fel y tramwyaist tithau wythiennau y ddaear, –
a geibiodd grwyn tyner dy fywyd
fel y ceibiaist ti wythiennau du cyfoeth a grym,
gwythiennau du yr ymerodraeth
a fwydai'r llongau rhyfel
ar holl foroedd y byd,
â glo a losgai heb nemor ddim mwg.

Trefor, mab y genedl a thad i'r genedl,
a aned o genedl na pheidit â'i chenhedlu
na pheidit â rhoi anadl einioes iddi,
yn defnyddio dy iaith gartref ac oddi cartref,
yn codi dy lais ar y llwyfan cyhoeddus,
yn cynnull y gwladgarwyr i bleidleisio gyda nhw,
yn llafurio ym mhlaid genedlaethol y mynyddoedd tragwyddol,
yn wylaidd ddi-achwyn,
yn cyfranogi o'r bywyd Cymraeg ac yn cyfrannu iddo,
yn ei gyfran o bleserau,
pe na bai [hynny] ond mynd i ddal â'th law,
yn fore o dan gerrig y nant,
y brithyllod llyfn eu boliau,
ar adeg dechrau crawcian y brain yn yr ynn
a chwibanu'r mwyeilch yn y ddraenen wen.
A hefyd yn ei gyfran, fwy fyth, o drallodion

fel y tynghedir i ddioddef
ar hyd ei oes ddaearol
bawb sy'n ddarostyngedig
i'r estron.

Nawr, gorff di-nerth, digyffro,
yng nghrombil y ddaear y llafuriaist gymaint ynddi,
yn rhoi dy nodd o'th gnawd a'th esgyrn i'r tir
a fagodd dy lwyth,
cyfarchaf ynot,
Trefor,
un o'r dynion a allodd,
trwy eu llafur a thrwy eu brwydr
feunyddiol,
greu
ddydd ar ôl dydd
wlad ar gyfer pawb:
Cymru.

Cyfieithwyd o'r Llydaweg gwreiddiol gan Rita Williams a'i darllen yn ei darlith *Dylanwad Cymru ar Lenyddiaeth Llydaw,* Eisteddfod Genedlaethol Cymru, 2002.

Cyhoeddwyd y gwreiddiol yn *Al Lanv* 70-71, 1994

7. 'Trefor Beasley yng Ngharchar' gan Iorwerth Peate

Cariaist yr iaith ar dy gryfion ysgwyddau;
Hyhi nis bradychaist, erddi y bu dy holl fyw.
Nid byth i ti'r geiriau mindlws a'r mynych gelwyddau
Na throi at Sais fel petai yn uchel dduw.
Dy eiddo a roist tros yr iaith yn ddirwgnach i'w hybu
Heb falio am wawd y parchusion di-asgwrn-cefn:
Dirmygus gennyt bob Cymro truenus na chlybu
Glir alwad ei wlad a gwrthod plygu i'r drefn.
Henffych, garcharor ein hiaith, a ddug ei holl bwn.
Plygwn mewn c'wilydd wrth ganfod cydwybod hwn.

Cyhoeddwyd gyntaf yn *Baner ac Amserau Cymru*, gyda'r dyddiad 24.2.1967 wrthi.

8. 'Trefor Beasley' gan Vernon Jones

Dôi'i lewyrch drwy ddadleuon – i'r frwydr,
Ef a roes o'i galon.
Rhuddin derw oedd i'n dewrion
Yn y bwlch, Cymro i'r bôn.